Poesie der Bibel

Arno Surminski

Poesie der Bibel

Eine Sammlung bemerkenswerter Bibelverse

Ellert & Richter Verlag

* Es werden lediglich die Bücher der Bibel aufgeführt, aus denen Zitate entnommen wurden.

Inhalt*

8 Über das Wort. Einleitung

Das Alte Testament

22 Die Bücher Moses

Die Bücher der Geschichte des Volkes Gottes

34 Das Buch Josua
37 Das Buch Ruth
38 Das erste Buch Samuel
40 Das zweite Buch Samuel
42 Das erste Buch der Könige
45 Das zweite Buch der Könige
46 Das erste Buch der Chronik
47 Das zweite Buch der Chronik
48 Das Buch Nehemia
49 Das Buch Esther

Die Bücher der Lehrweisheit und die Psalmen

50 Das Buch Hiob
56 Die Psalmen
68 Das Buch der Sprichwörter (Sprüche Salomos)
72 Das Buch Kohelet (Prediger Salomo)
73 Das Hohelied Salomos

Die Bücher der Propheten

- 76 Das Buch Jesaja
- 84 Das Buch Jeremias
- 90 Die Klagelieder Jeremias
- 91 Das Buch Hesekiel
- 93 Das Buch Daniel
- 98 Das Buch Hosea
- 100 Das Buch Amos
- 101 Das Buch Obadja
- 102 Das Buch Micha
- 105 Das Buch Nahum
- 106 Das Buch Habakuk
- 106 Das Buch Zefanja
- 106 Das Buch Haggai
- 107 Das Buch Sacharja

Die Apokryphen

- 110 Das Buch Judith
- 112 Das Buch Tobias
- 113 Das Buch Baruch
- 114 Das Buch Jesus Sirach
- 122 Das Buch der Weisheit (Die Weisheit Salomos)
- 125 Das erste Buch der Makkabäer
- 126 Das zweite Buch der Makkabäer

Das Neue Testament

Die Evangelien

- 132 Das Evangelium nach Matthäus
- 142 Das Evangelium nach Markus
- 145 Das Evangelium nach Lukas
- 149 Das Evangelium nach Johannes

154 **Die Apostelgeschichte**

Die Paulinischen Briefe
156 Der Brief an die Römer
161 Der erste Brief an die Korinther
164 Der zweite Brief an die Korinther
165 Der Brief an die Galater
166 Der Brief an die Epheser
167 Der Brief an die Philipper
167 Der zweite Brief an die Thessalonicher

Die Pastoralbriefe
168 Der erste Brief an Timotheus
170 Der zweite Brief an Timotheus
170 Der Brief an Titus
171 Der Brief an die Hebräer

Die Katholischen Briefe
174 Der Brief des Jakobus
175 Der erste Brief des Petrus
176 Der zweite Brief des Petrus
177 Der erste Brief des Johannes

178 **Die Offenbarung des Johannes**

182 **Das Hohelied der Liebe**

186 Sachregister
190 Bild- und Quellennachweis
191 Der Autor
192 Impressum

Über das Wort

Im Anfang war das Wort, und das Wort war bei Gott, und Gott war das Wort.

> Dieser Satz aus dem Johannes-Evangelium ist *die* Metapher von der Erschaffung der Welt durch das Wort; so begann die Herrschaft des gesprochenen, geschriebenen, gedachten Wortes. Gott als Wort, damit könnten auch Atheisten leben, erlaubt der Satz doch die Annahme, selbst Gott sei eine Schöpfung durch das Wort.
> Das „Wort" durchzieht die ganze Heilige Schrift:

und das Wort ward Fleisch und wohnete unter uns ...
Johannes 1, 14

Seid aber Täter des Wortes und nicht Hörer allein ...
Jakobi 1, 22

Predige das Wort, halte an ...
Timotheus 2: 4, 2

> Das Wort überdauert sogar das Ende der Welt:

Himmel und Erde werden vergehen; aber meine Worte werden nicht vergehen.
Markus 13, 31

Die deutsche Alltagssprache enthält eine Fülle von Bildern, deren Herkunft aus der Bibel nur Wenige kennen.

Die Hände in Unschuld waschen.
nach Matthäus 17, 24

Bleibe im Land und nähre dich redlich.
nach Psalm 37, 3

Eine Grube graben und selbst hineinfallen.
nach Sprichwörter 28, 10

Es ist kein Zufall, dass viele biblische Wendungen und Bilder Eingang gefunden haben in unsere Sprache. Sie sind wirkungsvoll durch ihre Bildhaftigkeit und ihren klaren, lebendigen und oft poetischen Ausdruck.
Die poetischen Glanzpunkte der Schrift, die Spruchweisheiten und zu geflügelten Worten gewordene Zitate werden in diesem Band gesammelt, wobei die Auswahl rein subjektiv ist. Sie erhebt keinen Anspruch auf wissenschaftliche Korrektheit, die es in Sachen Sprache ohnehin nicht gibt. Glaubensinhalte spielten bei der Auswahl keine Rolle, es ging allein um Sprache. Andere mögen andere Textstellen für poetischer halten.
Für meine Lektüre und für mich als junger Mensch bildete eine alte Lutherbibel aus dem Jahr 1948 die Grundlage. Ich habe sie dreimal durchgelesen, einmal als junger, gläubiger Mensch, dann als angehender Schriftsteller, der Sprache und Stil lernen wollte, und schließlich 2017, um dieses Buch zu

schreiben. Um zu zeigen, welche Kraft in Luthers Sprache steckt, stelle ich dieser Ausgabe gelegentlich neuere Übersetzungen vergleichend gegenüber.

Über die Heilige Schrift hinaus spielte das „Wort" in der deutschen Kulturgeschichte eine bedeutende Rolle. Goethe bezog sich im „Faust" auf den Johannes-Text über den Anfang durch das Wort:

Geschrieben steht: Im Anfang war das Wort.
Hier stock ich schon! Wer hilft mir weiter fort?
Ich kann das Wort so hoch unmöglich schätzen,
ich muss es anders übersetzen ...
Mir hilft der Geist! Auf einmal seh ich Rat.
Und schreib getrost: Im Anfang war die Tat!

Auch destruktive Kräfte wurden durch das „Wort" beschworen. Mit gesprochenen, geschriebenen und gedachten Worten ist in den vergangenen Jahrhunderten viel Unheil angerichtet worden. Immer wieder wurde das „Wort" zur Fanatisierung und Verführung von Menschen missbraucht. Sogar das Dritte Reich bediente sich der Bibelsprache. Im Februar 1933 sprach Adolf Hitler in einer Rede zur bevorstehenden Reichstagswahl vom „neuen Reich der Größe und der Ehre und der Kraft und der Herrlichkeit und der Gerechtigkeit. Amen."
Meine Erzählung „Die Reise nach Nikolaiken", die Ende der neunziger Jahre des 20. Jahrhunderts geschrieben und gedruckt wurde, beginnt mit folgendem Satz:

Als der Herr noch auf Erden wandelte, kam er am späten Nachmittag, als er schon etwas müde war, ins Masurische und erschuf mit leichter Hand und ohne viel nachzudenken die Masurische Wildnis.

Das ist Bibelsprache in gewöhnlicher Prosa. Auch in zahlreichen Gedichten spiegelt sich biblische Poesie wider, so in Rainer Maria Rilkes Gedicht „Herbsttag":

Herr, es ist Zeit.
Der Sommer war sehr groß.
Leg deinen Schatten auf die Sonnenuhren,
und auf den Fluren lass die Winde los ...

Das „Abendlied" von Matthias Claudius, das nach einer Umfrage das beliebteste Volkslied der Deutschen ist, besteht ebenfalls aus Bibelsprache. Der poetische Text erreicht nicht nur den Verstand, sondern mit zahllosen Bildern aus der Natur auch das Gefühl. Am „Abendlied" lässt sich übrigens studieren, was man mit der der neuen sprachlichen Korrektheit anrichten kann. In ihm kommen die Zeilen vor:

... der Wald steht schwarz und schweiget
Und aus den Wiesen steiget der weiße Nebel
wunderbar ...

Nach heutigem richtigem Sprachgebrauch müsste es heißen „schweigt" und „steigt". Das mag jeder so sagen und singen, wie er es will, mir würde es wehtun.

In dem Gedicht „Belsazar" von Heinrich Heine (siehe Seite 95 f.) wird eine Bluttat in Babylon beschrieben. Das Heinegedicht ist sprachlich stärker als die verschiedenen Bibelübersetzungen der gleichen Tat. Aufschlussreich ist auch die zur Spruchweisheit gewordene „Schrift an der Wand" mit dem Satz „... gewogen und zu leicht befunden". In fremder Sprache (mene, tekel, peres) rührt diese Schrift niemand an, in Luthers Sprache ist sie bedeutende Poesie.

Ein preußischer General, August Graf Neidhardt von Gneisenau, bemühte in einer militärischen Denkschrift an den König die poetische Sprache. Er erwähnte, dass allen patriotischen, religiösen und sittlichen Gefühlen Poesie zugrunde liege. „Auf Poesie ist die Sicherheit der Krone gegründet", schrieb er.
König Friedrich Wilhelm III. versah die Denkschrift mit der abwertenden Fußnote „als Poesie gut".

Das Neue Testament übersetzte Martin Luther allein, beim Alten Testament hatte er Helfer. Die komplette Übersetzung der Bibel lag 1534 vor und fand den Weg in weitere Sprachen.
Die sprachliche Bedeutung der Lutherbibel ist unbestritten. Selbst ein so kritischer, antikirchlich eingestellter Geist wie Friedrich Nietzsche zollte ihr Respekt. „Gegen Luthers Bibel gehalten", schrieb er, „ist fast alles Übrige nur ‚Literatur'."
Und Heinrich Heine behauptete: Luther schuf die deutsche Sprache.

Entscheidend war, dass Luther eine für jedermann verständliche Sprache schaffen wollte. Um das zu erreichen, musste er „dem Volk aufs Maul schauen". Dass ihm das im Deutsch der sächsischen Kanzleisprache gelang, grenzt an ein Wunder, denn Kanzleisprachen sind normalerweise nicht für jedermann verständlich.

Luther wählte einen Mittelweg zwischen Hochsprache und schlichter Volkssprache. Zahlreiche Neuauflagen zeigten, dass Luthers Bibeltexte gelesen und verstanden wurden.

Die Bibel von 1948, die dieser Zitatensammlung zugrunde liegt, entspricht nicht dem Urtext, den Luther und seine Helfer vor 500 Jahren geschrieben haben. Die ursprüngliche Lutherübersetzung ist sprachlich mehrfach verändert worden, insofern gehört die hier zugrunde liegende Fassung ebenfalls zu den Neu-Übersetzungen. Aber der Kern der Lutherbibel blieb immer erhalten, verändert wurden nur die sprachlichen Ränder. Für mich wurde die mir im Jahre 1948 auf sonderbaren Wegen zugänglich gemachte Schrift „meine Bibel", in der ich mich zu Hause fühlte. Neu-Übersetzer sollten immer daran denken, dass sie die Bibelleser nicht heimatlos machen.

Die Reformation sollte nach dem Willen Luthers friedlich verlaufen, nur durch das „Wort". Das war der Grund, warum er sich beim Bauernaufstand gegen Thomas Müntzer und auf die Seite der Fürsten stellte. Er wollte keine Gewalt, sondern Veränderungen nur durch das „Wort".

Ohne Luthers Sprache wäre die Reformation schwerlich so erfolgreich verlaufen. Die bis dahin

verfügbaren Texte in Griechisch, Hebräisch oder Lateinisch erreichten die Menschen nicht.
Welche Kraft Worte haben, zeigt der Ausspruch, der angeblich von Luther selbst stammen soll:

Hier stehe ich, ich kann nicht anders. Gott helfe mir, Amen.

Der Satz soll vor dem Kaiser 1521 auf dem Reichstag zu Worms gesprochen worden sein, als von Luther verlangt wurde, seine ketzerischen Behauptungen zu widerrufen. Erwiesen ist das nicht. Wahrscheinlicher ist, dass er nachträglich in die Rechtfertigungsrede Luthers eingefügt wurde – mit beträchtlicher Wirkung. Der Satz ist zu einem Grundpfeiler der Reformation geworden.
Eine ähnliche Wirkung wie Luthers Sprache bei der Reformation hatte auch das Kommunistische Manifest von Karl Marx und Friedrich Engels. Sprachforscher behaupten, die Oktoberrevolution hätte es nie gegeben, wenn nicht die Sprachform des Manifests so eindringlich gewirkt hätte. Zwei Revolutionen, ausgelöst durch Sprache!
Eine Verbindung von Christentum und Sozialismus ist offensichtlich. Die Bibel, vor allem die Evangelien des Neuen Testaments, enthalten zahlreiche Aussagen mit sozialistischer Prägung, und als Mitte des 19. Jahrhunderts die sozialistischen Ideen aufkamen, gab es eine Richtung, die Christus zum Propheten des Kommunismus erklärte.
Die „Poesie" des Kommunistischen Manifests kann auch damit erklärt werden, dass Karl Marx in seiner Studentenzeit Poet werden wollte. Er verfasste meh-

rere Gedichtbände, hatte also ein Gespür für Sprache, was später im Manifest zum Ausdruck kam.
Der Luthertext der Bibel ist mehrfach überarbeitet worden, zum Lutherjahr 2017 ist eine neue Übersetzung erschienen. Daneben hat es andere grundlegende Überarbeitungen gegeben, so die „Einheitsübersetzung" für katholische und evangelische Christen. Hinzu kommt die „Bibel in gerechter Sprache", die die Heilige Schrift in feministischer Sicht auslegt; in ihr werden die Worte „Herr" und „Vater" möglichst vermieden und Gott wird als „die Ewige" bezeichnet.
Die Poesie der deutschen Sprache befördert haben viele Koppelungen, die von Fachleuten als umständlich und störend empfunden werden. „Morgenröte" klingt poetischer als „Morgen" und „Röte" für sich. Luther hat viel mit solchen Koppelungen gearbeitet, von ihm stammen „Feuertaufe" und „Schandfleck". Auch die von ihm erfundenen Bilder trugen zur Poesie der Sprache bei, so „auf des Messers Schneide", „das Herz auf der Zunge tragen".
Hatte Luther anfangs nur den Papst und die katholische Kirche zu Gegnern, erwuchsen ihm im Laufe der folgenden Jahrhunderte weitere Feinde. Dass er es mit den Juden verdarb, war sein eigenes Verschulden. Anfangs wollte er sie für sein reformiertes Christentum gewinnen. Als sie sich verweigerten, äußerte er sich zunehmend judenfeindlich. Sein Antisemitismus fiel nicht sonderlich auf, weil die Mehrheit der Christen damals abwertend über die Juden dachte.
Als der Sozialismus in die Welt kam, wurde Luther zum „Fürstenknecht", weil er sich beim Bauernauf-

stand gegen die Aufständischen gestellt hatte. Er wäre ein Schuft gewesen, hätte er sich gegen die gestellt, die ihn vor dem Zugriff der Papisten geschützt und auf der Wartburg versteckt gehalten hatten. Ohne dieses Eingreifen der Fürsten wäre er als Ketzer des Todes gewesen.
Die jüngsten Anfeindungen kommen von den Feministinnen. Sie beanstanden die frauenfeindliche Tendenz seiner Sprache, für die es allerdings wenig Belege gibt. Es stört sie, dass Luther in seiner derben Sprache auch feminine Schimpfwörter wörtlich übersetzt hat, zum Beispiel „Sau".
Zu fragen ist, ob die Überarbeitungen des Bibeltextes zu einer Schwächung der Glaubenskraft geführt haben. Wenn es möglich und zulässig ist, Gottes Wort zu verändern, zu reformieren, anders zu interpretieren, können Zweifel aufkommen an der Verbindlichkeit des göttlichen Textes. Die heutige Neigung, die Bibelsprache zu modernisieren, sie verständlicher, logischer zu machen, trägt zu dieser Unverbindlichkeit bei. Rein sprachliche Klarstellungen mögen noch hingehen, werden aber Inhalte verändert, leidet die Heilige Schrift. Zu wenig beachtet wurde bei den neueren Übersetzungen auch, dass die im Schuldeutsch gehaltenen Texte wohl „richtiger" sein mögen, aber bei Lesern und Hörern nicht in derselben Weise religiöse Gefühle auslösen wie die Lutherbibel. Ihnen fehlt die Poesie.
Die neueren Übersetzungen verfolgen hauptsächlich das Ziel, nach heutigem Sprachgebrauch unverständliche Texte lesbar zu machen, vulgäre Ausdrücke und Schimpfwörter zu mildern und das Bild der Frau zurechtzurücken. Um das zu erreichen, neh-

men die Übersetzer sprachliche Unebenheiten und einen Verlust an Poesie in Kauf.

Häufig haben die neueren Übersetzungen auch das Ziel, negativ besetzte Worte aus der Heiligen Schrift zu entfernen. Die „Hölle" gilt als ein schreckliches Wort und kommt in der Lutherbibel 2017 nicht vor, wohl aber der Satan. In der alten Lutherübersetzung steht in der Apostelgeschichte 16, 14 das Wort „Purpurkrämerin". Weil das Wort „Krämerin" heute negativ besetzt ist, schreibt die „Bibel in gerechter Sprache" von der „Purpurwollenhändlerin", ein sprachlicher Rückschritt.

Gelegentlich finden sich in den neueren Übersetzungen Passagen, die sprachlich tatsächlich besser klingen als die Lutherbibel, aber nicht allzu häufig. Oft wird übersehen, dass gerade befremdliche, ungewöhnliche Wendungen eine größere Wirkung auf den Leser haben als unser Schuldeutsch. Das „Wort" muss sprachlich besonders und nicht alltäglich sein, um zu wirken. Das Befremdliche bleibt eher haften und gibt dem Text etwas Geheimnisvolles, während eine nur „richtige" Übersetzung leicht in die Nähe einer Gebrauchsanweisung kommt. Poesie darf dunkel sein und in Andeutungen daherkommen.

Über Jahrhunderte gespeicherte Bilder sollten nicht zerstört werden. Sie haben sich den Christen seit Generationen eingeprägt, viele haben diese Sprache schon als Kind erfahren, etwa bei Hochzeiten und Trauerfeiern, und wollen sich darin wiederfinden. Es bedeutet ihnen etwas, dass ihre Großeltern nach genau diesem Bibeltext gesungen und gebetet haben. Die Weihnachtsgeschichte, die viele

Menschen auswendig kennen, kann sprachlich unmöglich verändert werden.

Manchmal entsteht der Eindruck, dass die Reformer den Luthertext nicht änderten, weil sachliche Richtigstellungen erforderlich waren, sondern um sich von Luther zu unterscheiden. In gewissen christlichen Kreisen ist der Reformator eine unerwünschte Person, zu männlich, zu polterig, zu rechthaberisch.

Sprachliche Unterschiede bestehen zwischen Altem und Neuem Testament. Die sprachlichen Glanzpunkte des Alten Testaments werden häufig verdeckt durch einen rachsüchtigen, neidischen, jähzornigen Gott, der Ewigkeiten entfernt ist von dem „lieben Gott" des Neuen Testaments. Es ist Luthers Sprachgenie zu verdanken, dass uns auch die Poesie des Alten Testaments überliefert wurde. Geholfen haben dabei die vielen Geschichten des Alten Testaments („Susanna im Bade", „Die Schrift an der Wand" und andere), die als Erzählungen eine poetische Aura haben.

Nietzsche hielt die Zusammenfassung von Neuem und Altem Testament zum „Buch an sich" in der Bibel für die größte Verwegenheit und Sünde wider den Geist, welche das literarische Europa auf dem Gewissen hat. Er war auf der Seite des Alten Testaments und gegen die Verbindung der beiden Schriften in einem Buch.

Die Reihenfolge, wie sie in meiner alten Lutherbibel steht, die meine Großmutter mir 1948 geschenkt hat, wurde in den neuen Bibelfassungen geändert. Erhalten geblieben ist die alte Kapitel- und Versbezeichnung. Wenn es z. B. in der alten Bibel im ersten Buch der Chronik *30, 15* heißt, bleibt das so, auch wenn neuere Fassungen von *29, 15* sprechen.

Mit dieser Schrift soll ein Beitrag zur Erhaltung der Luthersprache in einer sprachlich immer fremder werdenden Welt geleistet werden. Es sind widersprüchliche Äußerungen zu erwarten. Gläubige Christen werden gewisse Sätze Jesu' nicht als wohlklingende Poesie empfinden, sondern als Verleumdung. Aber so ist Sprache. Sie vermag nicht nur das Gute, sondern auch Negatives in wohlklingende Poesie zu kleiden, etwa die Art, wie Jesus seine Mutter anherrscht: „Weib, was habe ich mit dir zu schaffen?" oder das Sonderbare „Lass die Toten ihre Toten begraben ...".

Die Texte der Sammlung beginnen mit der Schöpfungsgeschichte und enden mit der Offenbarung. Das Hohelied der Liebe aus dem Korintherbrief habe ich ganz ans Ende gestellt. So beginnt die Zusammenstellung mit dem Hohelied des Wortes und endet mit dem Hohelied der Liebe.

Folgende Doppelseite:
Die Große Jesajarolle aus Qumran, Pergamentrolle, sie enthält den fast vollständigen Text des Buches Jesaja in hebräischer Sprache und ist die älteste erhaltene Handschrift eines ganzen Buches der Bibel (entstanden ca. 200 v. Chr.), 7,34 m x 28 cm. Israel Museum, Jerusalem

...ריון נאבו ה...
...אבוא רויע א...
...נחד אנן אלהן ו
א נגיד ופצידי א
א בצוותנע ופ...
צצואן תיצע אם...

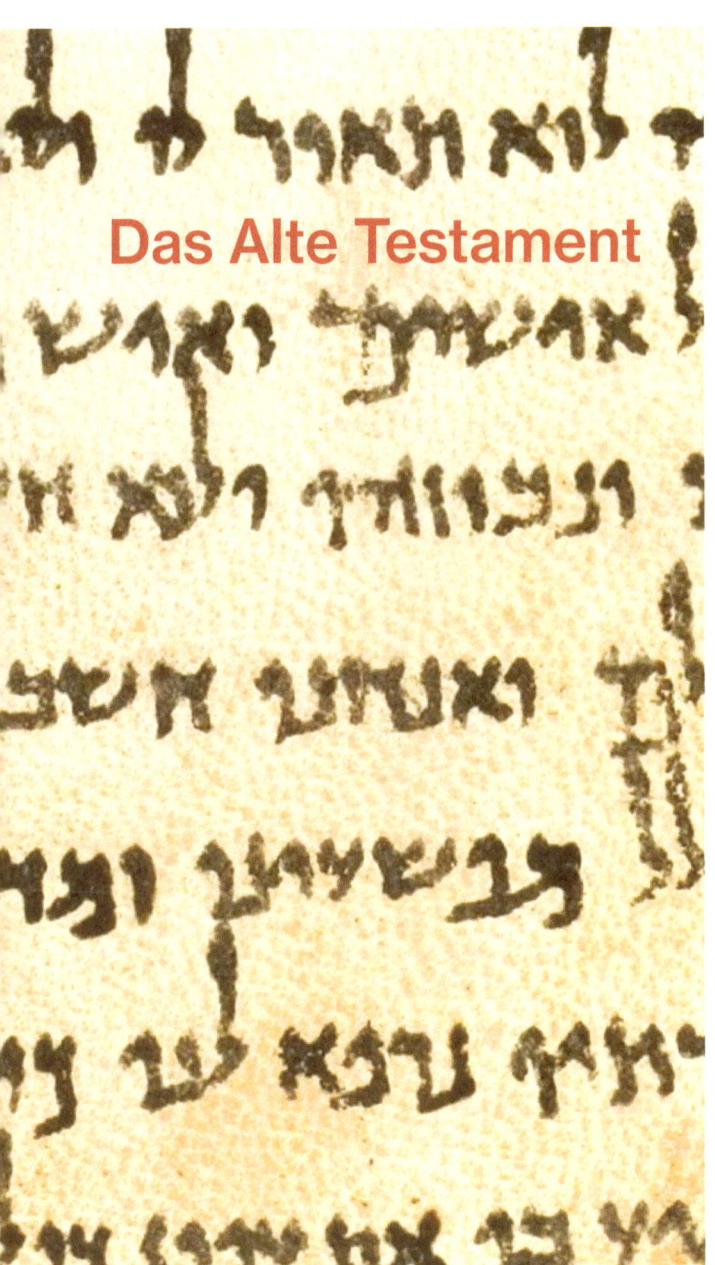

Das Alte Testament

Die Bücher Moses

Die fünf Bücher der Schöpfungsgeschichte sind ein Sprachwerk voll poetischer Kraft. Es ist die Sprache ("Gott sprach"), durch die die Welt und die Menschen erschaffen wurden.

Am Anfang schuf Gott Himmel und Erde. Und die Erde war wüst und leer, und es war finster auf der Tiefe, und der Geist Gottes schwebte auf dem Wasser.
Moses 1: 1, 1–2

Die *Lutherbibel 2017* verbessert diesen Text sprachlich, indem sie "und es war finster auf der Tiefe" ersetzt durch "und Finsternis lag auf der Tiefe."
Die *Bibel in gerechter Sprache* übersetzt den zweiten Satz so:

Da war die Erde Chaos und Wüste, Dunkelheit war da angesichts der Urflut, und Gottes Geisteskraft bewegte sich angesichts der Wasser.

Zweimal "angesichts" im gleichen Satz klingt nicht gut. Warum die Formulierung "Gottes Geisteskraft" statt "der Geist Gottes"?

Giusto de' Menabuoi (1320–1391): *Die Erschaffung der Welt* (entstanden um 1374/78), Deckenmalerei/Fresko. Taufkapelle der Kathedrale von Padua

Die *Einheitsübersetzung* sagt:

Am Anfang schuf Gott Himmel und Erde; die Erde aber war wüst und wirr, Finsternis lag über der Urflut, und Gottes Geist schwebte über dem Wasser.

Warum „wüst und wirr"? Obwohl ein Stabreim, ist das Wort „wirr" hier keine Bereicherung.

Und Gott der Herr sprach: Es ist nicht gut, dass der Mensch allein sei; ich will ihm eine Gehilfin machen, die um ihn sei.
Moses 1: 2, 18

An der Schöpfungsgeschichte stört die neueren Übersetzer, dass Eva als „Gehilfin" des Mannes ausgegeben wird. Gehilfin wird als abwertend empfunden, es klingt nach „dienender Magd".

Die *Einheitsübersetzung* sagt:

Es ist nicht gut, dass der Mensch allein bleibt. Ich will ihm eine Hilfe machen, die ihm entspricht.

Ähnlich formuliert die *Lutherbibel 2017*:

Es ist nicht gut, dass der Mensch allein sei; Ich will ihm eine Hilfe machen, die ihm entspricht.

In der *Bibel in gerechter Sprache* heißt es:

Es ist nicht gut, dass der Mensch allein ist. Ich will für ihn eine Hilfe machen, so etwas wie ein Gegenüber.

Die neueren Fassungen überzeugen nicht. „Hilfe" ist genauso abwertend wie „Gehilfin", und die Formulierung „so etwas wie ein Gegenüber", mit der Eva auf Augenhöhe mit Adam gestellt werden soll, ist sprachlich unangebracht. Auch mit dem Halbsatz „die ihm entspricht" soll die Gleichwertigkeit beider Personen zum Ausdruck gebracht werden. Die wenigsten Leser werden das so verstehen.
Ein korrekter Text wäre gewesen: „Ich will ihm eine Begleiterin machen". Das hätte dem „Es ist nicht gut, dass der Mensch allein sei …" am ehesten entsprochen. Solche gendergerechten Bemühungen durchziehen die neueren Übersetzungen. Auch die *Lutherbibel 2017* spricht bei den Briefen des Neuen Testaments von „Liebe Brüder und Schwestern", wo früher „Liebe Brüder" stand.
Nur den Teufel belassen alle Übersetzungen in der männlichen Form.

Im Schweiß deines Angesichts sollst du dein Brot essen, bis du wieder zur Erde werdest, davon du genommen bist. Denn du bist Erde und sollst zur Erde werden.
Moses 1: 3, 19

> Die *Lutherbibel 2017* formuliert den zweiten Satz so:
>
> *Denn Staub bist du und zum Staub kehrst du zurück.*
>
> Eine sprachliche Verbesserung ist das nicht.

Seid fruchtbar, und mehret euch ...
Moses 1: 1, 22

Darum wird ein Mann seinen Vater und seine Mutter verlassen und an seinem Weibe hangen, und sie werden sein ein Fleisch.
Moses 1: 2, 24

Und die Brunnen der Tiefe wurden verstopft samt den Fenstern des Himmels, und dem Regen vom Himmel ward gewehret.
Moses 1: 8, 2 (Ende der Sintflut)

... denn das Dichten des menschlichen Herzens ist böse von Jugend auf.
Moses 1: 8, 21

> Die *Lutherbibel 2017* spricht von „Dichten und Trachten".

Man drücke die Leute mit Arbeit, dass sie zu schaffen haben und sich nicht kehren an falsche Rede.
Moses 2: 5, 9

Die Fremdlinge sollst du nicht schinden, noch unterdrücken, denn ihr seid auch Fremdlinge in Ägyptenland gewesen.
Moses 2: 22, 21

Du sollst nicht Geschenke nehmen, denn Geschenke machen die Sehenden blind und verkehren die Sachen der Gerechten.
Moses 2: 23, 8

... der du die Missetat der Väter heimsuchest auf Kinder und Kindeskinder bis ins dritte und vierte Glied.
Moses 2: 34, 7

Denn der Herr, dein Gott, ist ein verzehrend Feuer und ein eifriger Gott.
Moses 5: 4, 24

> Die *Lutherbibel 2017* ersetzt „eifriger Gott" durch „eifernder Gott".

Der Herr segne dich und behüte dich. Der Herr lasse sein Angesicht leuchten über dir und sei dir gnädig. Der Herr hebe sein Angesicht über dich und gebe dir Frieden.
Moses 4: 6, 24-26

Dieser in den christlichen Gottesdiensten wohl am häufigsten gesprochene Text, den auch die *Lutherbibel 2017* so belässt, lautet in der *Bibel in gerechter Sprache*:

Gott segne dich und behüte dich. Gottes Antlitz hülle dich in Licht, und sie sei dir zugeneigt. Gottes Antlitz wende sich dir zu, und sie schenke dir heilsame Ruhe.

Der Friede wird zur „heilsamen Ruhe", und Gott wird zur „Sie". Die Verwandlung von „gnädig" in „zugeneigt" wirft ein Licht auf die Denkweise der Übersetzer: Gnade kommt von oben, Zuneigung von einem gleichrangigen Partner.

Keine Person sollt ihr im Gericht ansehen, sondern sollt den Kleinen hören wie den Großen, und vor niemandes Person euch scheuen ...
Moses 5: 1, 17

> Der Rechtsgrundsatz „ohne Ansehen der Person" hat hier seinen biblischen Ursprung. Die *Lutherbibel 2017* verbessert den Text sprachlich, indem sie sagt:

Ihr sollt beim Richten nicht die Person ansehen ...

Früher wurde Justitia auf Bildern oft mit einer Augenbinde dargestellt, um das „ohne Ansehen der Person" zu unterstreichen. In Moses 5: 17, 19 wird dieser Gedanke noch einmal angesprochen:

Du sollst das Recht nicht beugen, und sollst auch keine Person ansehen, noch Geschenke nehmen, denn die Geschenke machen die Weisen blind und verkehren die Sache der Gerechten.
Moses 5: 17, 19

Es werden allezeit Arme sein im Lande; darum gebiete ich dir und sage, dass du deine Hand auftust deinem Bruder, der bedrängt und arm ist in deinem Lande.
Moses 5: 15, 11

> Das Gebot „Hilfe für Arme" wurde zum Eckstein der christlichen Religion. Es kommt in zahlreichen Büchern des Alten und Neuen Testaments vor, ist allerdings als Hilfe nur für die Angehörigen des eigenen Volkes zu verstehen. Der Halbsatz „der bedrängt und arm ist in deinem Lande" bestätigt das, ebenso der folgende Satz:

An dem Fremden magst du wuchern, aber nicht an deinem Bruder …
Moses 5: 23, 20

Du sollst dem Ochsen, der da drischet, nicht das Maul verbinden.
Moses 5: 25, 4

Auch dieser Text gehört zu den „sozialen" Aussagen der Schrift wie „Jeder Arbeiter ist seines Lohnes wert".

Die *Bibel in gerechter Sprache* übersetzt diesen Satz so:

Binde dem Rind nicht das Maul zu, wenn es drischt.

Das Wort „Ochse" wurde offenbar als Schimpfwort empfunden und durch „Rind" ersetzt.

In der *Einheitsübersetzung* heißt es:

Du sollst dem Ochsen zum Dreschen keinen Maulkorb anlegen.

„Maulkorb" wird üblicherweise mit Sprechen in Verbindung gebracht, nicht mit Fressen, befördert hier also eher ein Missverständnis.

Der Herr wird ein Volk über dich schicken von ferne, von der Welt Ende, wie ein Adler fliegt, des Sprache du nicht verstehst.
Moses 5: 28, 49

Wenn du bis an der Himmel Ende verstoßen wärest, so wird dich doch der Herr, dein Gott, von dannen sammeln und dich von dannen holen.
Moses 5: 30, 4

Merket auf, ihr Himmel, ich will reden, und die Erde höre die Rede meines Mundes. Meine Lehre triefe wie der Regen, und meine Rede fließe wie der Tau ...
Moses 5: 32, 1–2

Ich will meine Pfeile mit Blut trunken machen, und mein Schwert soll Fleisch fressen ...
Moses 5: 32, 42

Denn das Feuer ist angegangen durch meinen Zorn und wird brennen bis in die unterste Hölle, und wird verzehren das Land mit seinem Gewächs, und wird anzünden die Grundfesten der Berge.
Moses 5: 32, 22

> Die *Lutherbibel 2017* hat die Hölle sprachlich verworfen und schreibt: „bis in die unterste Tiefe".

Wenn jemand neulich ein Weib genommen hat, der soll nicht in die Heerfahrt ziehen, und man soll ihm nichts auflegen. Er soll frei in seinem Hause sein ein Jahr lang, dass er fröhlich sei mit seinem Weibe, das er genommen hat.
Moses 5: 24, 5

> Zwölf Monate Flitterwochen. Erst kommt die Fortpflanzung, dann der Krieg. Erst neues Leben zeugen, bevor im Krieg Leben zerstört wird.
> Die *Bibel in gerechter Sprache* macht diesen Text etwas frauenfreundlicher. Statt „dass er fröhlich sei mit seinem Weibe" schreibt sie: „er soll ein Jahr lang ganz seiner Familie gehören und seine Frau erfreuen".
> Auch in der *Lutherbibel 2017* wird das als abwertend empfundene Wort „Weib" durch „Frau" übersetzt:
>
> ---
>
> *Wenn jemand sich kurz vorher eine Frau genommen hat, soll er nicht mit dem Heer ausziehen, und man soll ihm nichts auferlegen ...*

Die Bücher der Geschichte des Volkes Gottes

In diesen Büchern wird der Weg des Volkes Israel ins „gelobte Land" beschrieben. Es handelt sich um die kriegerische Phase Israels mit Schlachten und Eroberungen. Im Mittelpunkt stehen seine Heerführer und Könige (Salomon, David, Josua, Saul, Samuel).

Das Buch Josua

Beschrieben wird die Eroberung des Gelobten Landes durch Josua, den Nachfolger Moses, und es ist das sechste Buch des Tanach und des Alten Testaments der christlichen Bibel. Es beschreibt die Eroberung und frühe Besiedlung Kanaans durch die israelitischen Stämme von der Zeit nach dem Tod Moses bis zum Tod Josuas. Es ist eine Schrift voller Schlagen, Würgen und Brennen, enthält aber die bemerkenswerte Geschichte von der Hure Rahab (Josua 2 und 6). Das Wort „Hure" gehörte im Alten Testament zu den bösen Schimpfwörtern. Bei Josua bekommt es einen positiven Klang.

Jean Fouquet (1420–1478/81), bedeutender französischer Buch- und Tafelmaler: *Die Trompeten von Jericho*, Buchmalerei entstanden circa 1415 bis 1420. Bibliotheque nationale de France, Paris

Rahab lebte in der Stadt Jericho, die Josua für das Volk Israel erobern wollte. Er schickte zwei Botschafter in die Stadt, die im Haus der Hure Rahab einkehrten. Als die Aufseher des Herrschers ins Haus kamen und nach den Fremden fragten, versteckte Rahab sie unter dem Dach. Nachts erlaubte sie ihnen, an einem Seil über die Stadtmauer zu fliehen.

Die Eroberung der Stadt Jericho durch das Volk Israel soll in der Weise vor sich gegangen sein, dass Posaune blasende Priester um die Stadtmauern zogen, bis diese nach sieben Tagen einstürzten und die Eroberer einziehen konnten.

Josua befahl, die Hure Rahab mit ihrem Anhang zu verschonen. So geschah es. Die Mauern und die Posaunen von Jericho sind sprichwörtlich geworden, die Hure Rahab ist in Vergessenheit geraten. Die *Bibel in gerechter Sprache* verwandelt die Hure Rahab in eine „ungebundene Frau".

Das Buch Ruth

Das Buch Ruth ist ein Buch des Tanach (Bibeltexte, die für das Judentum als verbindlich für die eigene Religion gelten) und des christlichen Alten Testaments. Seit dem Mittelalter wird es in vier Kapitel unterteilt. Das Buch handelt um ca. 1000 v. Chr., zur Zeit der Richter in Israel. Obed, der Sohn Ruths, ist der Großvater Davids.

Wo du hingehst, da will ich auch hingehen; wo du bleibst, da bleibe ich auch. Dein Volk ist mein Volk, und dein Gott ist mein Gott. Wo du stirbst, da sterbe ich auch; da will ich auch begraben werden …
Ruth 1: 16–17

Es sind Worte, die die Schwiegertochter Ruth zu ihrer Schwiegermutter spricht, sie gelten als das schönste Liebesgedicht der Heiligen Schrift. Die *Bibel in gerechter Sprache* vermindert den sprachlichen Glanz, indem sie schreibt:

Denn wo auch immer du hingehst, da gehe ich hin, und wo auch immer du übernachtest, da übernachte auch ich, dein Volk ist mein Volk, dein Gott ist mein Gott, wo du stirbst, da sterbe ich, dort will ich begraben werden … "

Das Wort „übernachten" ist in diesem Zusammenhang unschön. Die sprachlich beste Formulierung wäre gewesen: „wo du schläfst, da schlafe ich auch".

Das erste Buch Samuel

Das erste Buch Samuel ist ein biblisches Buch des jüdischen Tanach und des christlichen Alten Testaments. Seit dem Mittelalter wird das erste Buch Samuel in 31 Kapitel unterteilt. Es erzählt die Geschichte Israels von der Bitte der kinderlosen Hanna um einen männlichen Nachkommen, über die Geburt des Propheten Samuel bis zum Selbstmord Sauls und dem Tod seiner Söhne im Kampf gegen die Philister.

Gehorsam ist besser denn Opfer, und Aufmerken besser denn das Fett von Widdern.
Samuel 1: 15, 22

In der *Bibel in gerechter Sprache* lautet dieser Text:

Hören ist besser als Schlachtopfer; Gehorchen besser als das Fett von Widdern.

Die *Einheitsübersetzung* sagt:

Gehorsam ist besser als Opfer, Hinhören besser als das Fett von Widdern.

Keine Übersetzung hat die sprachlich misslungene Wendung „Fett von Widdern" in bessere Worte kleiden können. Die *Bibel in gerechter Sprache* ersetzt das Wort „Gehorsam" durch „Hören". Hören ist milder, hinter Gehorsam verbirgt sich ein Befehlender, der dem Hörenden übergeordnet ist. Die *Bibel in gerechter Sprache* sieht Gott nicht mehr als Herrscher, der über allen thront, sondern als Partner, mit dem man Hand in Hand durchs Leben geht.

Denn Hanna redete mit ihrem Herzen.
Samuel 1: 1, 13

Ein Mensch siehet, was vor Augen ist, der Herr aber siehet das Herz an.
Samuel 1: 16, 7

... sein Weib aber hieß Abigail und war ein Weib guter Vernunft und schön von Angesicht.
Samuel 1: 25, 3

Das zweite Buch Samuel

Das zweite Buch Samuel wird seit dem Mittelalter in 24 Kapitel unterteilt. Das Buch schildert zunächst den Aufstieg Davids als König über Juda und ganz Israel nach Siegen über die Rafaiten und Philister. David erhält durch den Propheten Natan die Zusage Gottes, dass seine Dynastie für immer erhalten bliebe. Die positive Sicht Davids schlägt dann in Samuel 2: 11 um, wo geschildert wird, wie David mit der verheirateten Batseba Ehebruch begeht und deren Ehemann Urija in den Tod schickt.
Dafür wird David von Gott durch Natan zur Rechenschaft gezogen. Es wird angekündigt, dass die Nachkommen Davids durch Gewalt umkommen werden. Es folgt eine Geschichte von kriegerischen Geschehnissen, Aufständen und Gewalt.

Denn es hatten mich umfangen die Schmerzen des Todes, und die Bäche Belials erschreckten mich. Der Hölle Bande umfingen mich, und des Todes Stricke überwältigten mich.
Samuel 2: 22, 5–6

Die *Lutherbibel 2017* formuliert so:

Es hatten mich umfangen die Wogen des Todes, und die Fluten des Verderbens erschreckten mich. Des Totenreichs Bande umfingen mich, und des Todes Stricke überwältigten mich.

Die Umschreibung der „Bäche Belials" war gerechtfertigt, die übrigen Veränderungen erscheinen sprachlich unnötig. Die Hölle, hier ersetzt durch Totenreich, wird sprachlich immer seltener gebraucht. Es gefällt nicht, dass der „liebe Gott" so etwas Grausames, Strafendes wie die Hölle zugelassen haben soll. Den früheren Übersetzern war die Hölle ein wichtiger Ort, der Gegensatz zum Paradies.

… der Sohn Jojadas war über die Krethi und Plethi, und die Söhne Davids waren Priester.
Samuel 2: 8, 18

Das erste Buch der Könige

Das erste Buch der Könige erzählt die Geschichte vom betagten König David und seinem Sohn Salomo, der ihm auf den Thron Israels folgt, als weiser Richter „salomonische Urteile" fällt, dem Reich Wohlergehen und eine lange, 40-jährige Friedenszeit beschert und für Israel den ersten Tempel auf dem Berg Moria in Jerusalem bauen lässt. Nach dem Tode Salomos zerfällt das seit David bestehende Reich in ein Nordreich (Israel) und ein Südreich (Juda).

Und da der König David alt war und wohl betaget, konnte er nicht warm werden, ob man ihn gleich mit Kleidern bedeckte. Da sprachen seine Knechte zu ihm: Lasst sie meinem Herrn Könige eine Dirne, eine Jungfrau, suchen, die vor dem Könige stehe und seiner pflege und schlafe in seinen Armen und wärme meinen Herrn, den König.
Könige 1: 1, 1–2

Die *Einheitsübersetzung* hat den sprachlich besseren Text:

König David war alt und hochbetagt; auch wenn man ihn in Decken hüllte, wurde ihm nicht mehr warm. Da sagten seine Diener zu ihm: Man suche für unseren Herrn, den König, ein unberührtes Mädchen, das ihn bedient und pflegt. Wenn es an seiner Seite schläft, wird es unserem Herrn, dem König, warm werden.

Ich gehe hin den Weg aller Welt; so sei getrost und sei ein Mann.
Könige 1: 2, 2

... denn des Silbers achtete man zu Zeiten Salomos nicht.
Könige 1: 10, 21

Aber der König Salomo liebte viele ausländische Weiber.
Könige 1: 11, 1

Ruft laut, denn er ist ein Gott; er dichtet oder hat zu schaffen, oder ist über Feld, oder schläft vielleicht.
Könige 1: 18, 27

Teilet das lebendige Kind in zwei Teile und gebet dieser die Hälfte und jener die Hälfte.
Könige 1: 3, 25

> Die Geschichte von dem salomonischen Urteil über die Teilung eines Kindes hat die Literatur- und Theaterwelt bewegt. In China entstand im 13. Jahrhundert ein Kreidekreisdrama, Klabund schrieb dazu 1925 einen Text, und Bertolt Brecht ließ sich bei seinem Theaterstück „Der kaukasische Kreidekreis" davon anregen.

Und er hatte siebenhundert Weiber zu Frauen und dreihundert Kebsweiber, und seine Weiber neigten sein Herz.
Könige 1: 11, 3

> Die *Lutherbibel 2017* spricht „und seine Frauen verleiteten sein Herz". Auch die *Einheitsübersetzung* verwandelt den Schlusshalbsatz ins Negative. Statt „seine Weiber neigten sein Herz" heißt es „sie machten sein Herz abtrünnig".
>
> Die *Bibel in gerechter Sprache* formuliert das besser: „seine Frauen bestimmten sein Herz". Richtig wäre es wohl gewesen, „bewegten sein Herz" zu schreiben.

Wie lange hinket ihr auf beiden Seiten.
Könige 1: 18, 21

> Ein Bild für „wetterwendisch", jedem nach dem Munde reden.
>
> Die *Einheitsübersetzung* sagt es besser:

Wie lange noch schwankt ihr nach zwei Seiten.

Das zweite Buch der Könige

Das zweite Buch der Könige wird seit dem Mittelalter in 25 Kapitel unterteilt. Es setzt die Geschichte der getrennten Reiche Israel und Juda (israelitischen Reichsteilung 926 v. Chr.) bis zum Untergang Samarias fort. Danach folgt die Geschichte Judas bis zum Fall Jerusalems.

Bin ich denn Gott, dass ich töten und lebendig machen könnte?
Könige 2: 5, 7

Hilft dir der Herr nicht, woher soll ich dir helfen?
Könige 2: 6, 27

Lassen sie uns leben, so leben wir;
Töten sie uns, so sind wir tot.
Könige 2: 7, 4

Das erste Buch der Chronik

Das erste Buch der Chronik wird seit dem Mittelalter in 29 Kapitel unterteilt. Als Entstehungszeit wird die vorhellenistische Epoche angenommen, da Ereignisse vor 516 v. Chr. in der Chronik enthalten sind, griechische Einflüsse jedoch nicht festgestellt werden konnten.
Das Buch besteht aus zwei Teilen. Im kürzeren ersten Teil werden umfangreiche Abstammungs- und Geschlechterlisten der Israeliten und einiger Nachbarvölker gegeben. Im größeren zweiten Teil wird weniger Wert auf die politischen Ereignisse, dafür mehr Wert auf den Kultus und den Aufbau der israelitischen Gesellschaft des geschilderten Zeitraums gelegt.

Denn wir sind Fremdlinge und Gäste vor dir ... unser Leben auf Erden ist wie ein Schatten, und ist kein Aufhalten.
Chronika 1: 30, 15

Das zweite Buch der Chronik

Das zweite Buch der Chronik ist eine direkte Fortsetzung, die wohl nur wegen der Unhandlichkeit allzu langer Schriftrollen vom ersten Buch abgetrennt wurde.

Hat mein Vater euer Joch zu schwer gemacht, so will ich es mehr dazu machen. Mein Vater hat euch mit Peitschen gezüchtigt, ich aber mit Skorpionen.
Chronika 2: 10, 14

Das Buch Nehemia

Das Buch Nehemia wird seit dem Mittelalter in 13 Kapitel unterteilt. Das Thema des Buches ist der Wiederaufbau der Mauer und der Stadt Jerusalems. Laut umstrittenen Interpretationen stellt dies den Startpunkt für das Kommen des Messias dar.

Gehet hin und esset das Fette und trinket das Süße und sendet denen auch Teil, die nichts für sich bereitet haben.
Nehemia 8, 10

In der *Bibel in gerechter Sprache* ist nicht von „Teil", sondern von „Portionen" die Rede; durch das Fremdwort wird der Text abgeschwächt. Auch wird das „nichts für sich bereitet haben" in „für die nichts vorbereitet ist" geändert, eine Änderung im Sinne der „Speisung der Armen" und ein Vorwurf gegen die Gesellschaft wegen mangelnder sozialer Fürsorge.

Die *Einheitsübersetzung* hat den sprachlich besseren Text:

Nun geht, haltet ein festliches Mahl und trinkt süßen Wein! Schickt auch denen etwas, die selbst nichts haben.

Die *Lutherbibel 2017* hat den unzulänglichen alten Text verbessert:

Geht hin und esst fette Speisen und trinkt süße Getränke und sendet davon auch denen, die nichts für sich bereitet haben.

Das Buch Esther

Das Buch Esther gehört im christlichen Alten Testament zu den Geschichtsbüchern. Der Verfasser und seine Lebenszeit sind nicht genau festzustellen. Da sich bei genauer Analyse zeigt, dass die Kenntnis persischer Verhältnisse im Buch Esther keineswegs so gut ist, wie es zunächst scheint, wird in der heutigen Wissenschaft eine Datierung des Buches in das dritte Jahrhundert v. Chr. vertreten.

Wenn aber die bestimmte Zeit einer jeglichen Dirne kam, dass sie zum König Ahasveros kommen sollte, nachdem sie zwölf Monate im Frauen-Schmuck gewesen war, (denn ihr Schmücken musste so viel Zeit haben, nämlich sechs Monate mit Balsam und Myrrhen und sechs Monate mit guter Spezerei, so waren denn die Weiber geschmückt) ...
Als dann ging eine Dirne zum König ...
Esther 2, 12

Die *Bibel in gerechter Sprache* umschreibt das Geschehen so:

Am Ende nach zwölf Monaten kam jede junge Frau gemäß der Verordnung für Frauen an die Reihe, zum König Ahaschwerosch zu gehen. Denn die vollständige Zeitspanne ihrer Schönheitskuren sah Folgendes vor: Sechs Monate Pflege mit Myrrhenöl und sechs Monate mit Balsamölen und Massageölen der Frauen ...

Die Bücher der Lehrweisheit und die Psalmen

Bei den „Lehrweisheiten" handelt es sich um die Weitergabe religiöser Erkenntnisse an die folgenden Generationen. Die Psalmen sind Lieder, eine Art Zwiesprache der Priester mit Gott in musikalischer Form. Im Alten Testament gehört es zur Weisheitsliteratur. Es ist eine Sammlung von 150 Psalmen, also Gebeten und Liedern, die in fünf Bücher eingeteilt sind. Die Psalmen spielen in der Liturgie des Judentums wie auch des Christentums eine bedeutende Rolle und wurden vor allem in Musik und Literatur vielfach aufgegriffen.

Das Buch Hiob

Das Buch Hiob ist voller sprachlicher Glanzpunkte. Es enthält eine Geschichte von Versuchung und Schuld. Satan schlägt Gott vor, den frommen, rechtschaffenen Hiob mit Unglück zu überziehen. Er zweifelt daran, dass der brave Mann Gott in allem Unglück die Treue hält. Gott lässt Satan gewähren, nur das Leben Hiobs soll er schonen. Das Buch schildert die Heimsuchungen Hiobs, sein Klagen und Rechten mit Gott.
Die *Einheitsübersetzung* rechnet „Hiob" zu den bedeutendsten Werken der Weltliteratur. Daneben ist es auch eines der traurigsten Bücher des Alten Testaments.

Peter Paul Rubens (Nachahmer): *Hiob, von Dämonen gequält*, 17. Jahrhundert, Öl auf Leinwand, 146 x 119 cm. Musée du Louvre, Paris

Meine Brüder gehen verächtlich vor mir über, wie ein Bach, wie die Wasserströme vorüberfließen.
Hiob 6, 15

Die *Lutherbibel 2017* schreibt:

Meine Brüder sind trügerisch wie ein Bach, wie das Bett der Bäche, die versickern, die erst trübe sind vom Eis, darin der Schnee sich birgt.

Das ist nicht nur ein sprachlicher Rückschritt, es ändert auch den Sinn.

Ich bin nackend von meiner Mutter Leibe kommen, nackend werde ich wieder dahin fahren. Der Herr hat es gegeben, der Herr hat es genommen, der Name des Herrn sei gelobt.
Hiob 1, 21

Doch welche sich vor dem Reif scheuen, über die wird der Schnee fallen.
Hiob 6, 16

Ich wartete des Guten und kommt das Böse, ich hoffte aufs Licht, und kommt Finsternis.
Hiob 30, 26

Wenn einer lange geredet, muss er nicht auch hören? Muss denn ein Wäscher immer recht haben?
Hiob 11, 2

> Hier war es angebracht, das Wort „Wäscher" verständlich zu übersetzen. Die *Lutherbibel 2017* schreibt „Schwätzer".

Ja, bei den Großvätern ist die Weisheit und der Verstand bei den Alten.
Hiob 12, 12

> Die *Lutherbibel 2017* hat diese Behauptung in eine Frage umgewandelt:

> *Bei den Großvätern nur soll Weisheit sein und Verstand nur bei den Alten?*

Der Mensch, vom Weibe geboren, lebt kurze Zeit und ist voll Unruhe. Gehet auf wie eine Blume und fällt ab, fliehet wie ein Schatten und bleibt nicht.
Hiob 14, 1–2

Ein bedrückender, aber sprachlich großer Text, der in der *Einheitsübersetzung* so klingt:

Der Mensch, vom Weib geboren, knapp an Tagen, unruhvoll, er geht wie die Blume auf und welkt, flieht wie ein Schatten und bleibt nicht bestehen.

Auch die *Bibel in gerechter Sprache* ändert den Text:

Der Mensch, geboren von einer Frau, kurz an Tagen und satt an Unrast. Wie eine Blume geht er auf und welkt, flieht wie ein Schatten und hat keinen Bestand.

Soll ein weiser Mann so aufgeblasene Worte reden und seinen Bauch so blähen mit losen Reden?
Hiob 15, 2

>Auch hier versucht sich die *Lutherbibel 2017* mit einer Verbesserung, scheitert aber sprachlich:
>
>*Soll ein Weiser antworten mit windiger Einsicht und seinen Bauch so blähen mit leeren Reden?*

Die Großen sind nicht die Weisesten, und die Alten verstehen nicht das Recht.
Hiob 32, 9

>Die *Einheitsübersetzung* sagt:
>
>*Die alt an Jahren sind, nicht immer sind sie weise, noch Greise stets des Rechten kundig.*

Der erste Halbsatz ist sprachlich gelungen, der letzte klappert holprig hinterher.
Die *Bibel in gerechter Sprache* spricht von den „Vielen", die nicht weise sind, und die *Lutherbibel 2017* von den „Betagten".
Alle Übersetzungen haben Schwierigkeiten, den Personenkreis der „Nichtweisen" zu umschreiben.

Die Psalmen

Von den 150 Psalmen, den Liedern des Alten Testaments, erwarten wir eine besondere Poesie. Tatsächlich gibt es einige, so die Psalmen 23, 90, 139, die poetische Glanzstücke sind. Viele haben aber nur einen begrenzten Wortschatz und wiederholen, sprachlich eintönig, Anklagen, Bitten und Danksagungen.
Aus den Psalmen kommen viele Sprüche, die in die Umgangssprache Eingang gefunden haben und denen man ihre religiöse Herkunft nicht ansieht: *Die Hände in Unschuld waschen. Der Gerechte muss viel leiden. Bleibe im Land und nähre dich redlich. Sie graben vor mir eine Grube und fallen selbst hinein.*

Hilf Herr, die Heiligen haben abgenommen.
Psalm 12, 2

Die *Lutherbibel 2017* lässt es bei:

... die Heiligen haben abgenommen.

Die Doppeldeutigkeit des Wortes „abgenommen" führte allerdings dazu, dass der Satz gern scherzhaft für einen ehemals beleibten Priester verwendet wurde.

Die *Bibel in gerechter Sprache* übersetzt den Vers daher so: „Die Gott lieben, sind am Ende". Damit hat auch der Scherz ein Ende. Die sprachlich richtige Übersetzung wäre: „Es gibt immer weniger Heilige."

Weil der Gottlose Übermut treibt, muss der Elende leiden.
Psalm 10, 2

Die Himmel erzählen die Ehre Gottes und die Feste verkündiget seiner Hände Werk. Ein Tag sagt es dem andern, und eine Nacht tut es kund der andern.
Psalm 19, 2–3

Mein Gott, mein Gott, warum hast du mich verlassen?
Psalm 22, 2

> Diesen Satz hat Jesus auch bei seiner Kreuzigung gerufen (Matthäus 27, 46).

Der 23. Psalm ist die Grundlage für unzählige Bilder in Gotteshäusern und Wohnstuben, die einen Hirten inmitten seiner Schafherde zeigen. Damit begann die Religion des „Guten Hirten". Dieser Psalm ist eine Metapher in poetischer Form und bietet Anschauungsunterricht für die sprachlichen Möglichkeiten einer Übersetzung und die sprachschöpferische Gestaltungskraft Luthers. Er ist ein großes Bild, in dem die Natur eine entscheidende Rolle spielt.

Der Herr ist mein Hirte, mir wird nichts mangeln. Er weidet mich auf einer grünen Aue und führt mich zum frischen Wasser. Er erquicket meine Seele, er führt mich auf rechter Straße um seines Namens willen. Und ob ich schon wanderte im finsteren Tal, fürchte ich kein Unglück, denn du bist bei mir, dein Stecken und Stab trösten mich.
Psalm 23, 1–4

Die *Lutherbibel 2017* belässt es, wohl aus Ehrfurcht, bei diesem Text. Dagegen wählen die *Einheitsübersetzung* und die *Bibel in gerechter Sprache* andere Worte. Die *Bibel in gerechter Sprache* macht aus „Er weidet mich auf einer grünen Aue" den Satz „Auf grüner Wiese lässt Gott mich lagern". Damit zerstört sie das poetische Bild vom guten Hirten, der seine Schafe weidet. Weiden ist mehr als lagern, es betont das Fürsorgliche.

„Dein Stab und deine Stütze, sie lassen mich aufatmen" (*Bibel in gerechter Sprache*) ist auch schwächer als „Dein Stecken und Stab trösten mich".

Auch die *Einheitsübersetzung* zerstört die Poesie
der Lutherischen Sprache, indem sie schreibt:

*Der Herr ist mein Hirte, nichts wird mir fehlen. Er
lässt mich lagern auf grünen Auen und führt mich
zum Ruheplatz am Wasser. Er stillt mein Verlangen;
er leitet mich auf rechten Pfaden, treu seinem Namen. Muss ich auch wandern in finsterer Schlucht,
ich fürchte kein Unheil; denn du bist bei mir, dein
Stock und dein Stab geben mir Zuversicht.*

Ein kleiner Halbsatz zeigt die sprachlichen
Möglichkeiten. Bei Luther heißt es:

Und ob ich schon wanderte im finsteren Tal ...
Psalm 23, 4

Die *Bibel in gerechter Sprache* sagt:

Wenn Finsternis tief meinen Weg umgibt ...

Die *Einheitsübersetzung* formuliert so:

Muss ich auch wandern in finsterer Schlucht ...

Ohne den Sinn zu verfälschen, wären dank der Vielfalt der deutschen Sprache auch folgende Formulierungen möglich gewesen:

Und ob ich schon wanderte auf dunklen Pfaden
Und ob ich schon wanderte auf gefährlichen Straßen
Und ob ich schon wanderte auf düstern Wegen

Vermutlich bevorzugen wir den Luthertext des
23. Psalms deswegen, weil wir uns an „das finstere
Tal" gewöhnt haben. So ist Sprache. Sie schafft
Vertrautheit und kann Neues abweisen. Viele
bemängeln, dass die deutsche Sprache mehrere
Wörter für den gleichen Sachverhalt kennt. In
dieser Vielfalt liegt ein besonderer Reiz, der es
erlaubt, die Sprache poetisch klingen zu lassen.
Auch die vorlutherischen Übersetzungen kommen
an Luthers Text nicht heran. Im Hebräischen
Urtext heißt die wörtliche Übersetzung des ersten
Satzes des 23. Psalms:

*Jahwe ist mein Hütender. Nichts werde ich entbehren
oder Mangel leiden.*

Die Gegenübersetzung zur Lutherbibel von Dr. Eck
aus Augsburg im Jahr 1537 lautet:

Der Herr regiert mich, und nicht wurd mir brästen.

Machet die Tore weit und die Türen in der Welt hoch, dass der König der Ehren einziehe.
Psalm 24, 7

Ich wasche meine Hände mit Unschuld.
Psalm 26, 6

Der Gerechte muss viel leiden.
Psalm 34, 20

Hoffe auf den Herrn und tue Gutes, bleibe im Lande und nähre dich redlich.
Psalm 37, 3

Lass dich's nicht irren, ob einer reich wird, ob die Herrlichkeit seines Hauses groß wird. Denn er wird nichts in seinem Sterben mitnehmen, und seine Herrlichkeit wird ihm nicht nachfahren.
Psalm 49, 17–18

Und rufe mich an in der Not, so will ich dich erretten, so sollst du mich preisen.
Psalm 50, 15

… fällt euch Reichtum zu, so hänget das Herz nicht dran.
Psalm 62, 11

Lass die Berge den Frieden bringen unter das Volk und die Hügel die Gerechtigkeit.
Psalm 72, 3

Denn der Herr hat einen Becher in der Hand und mit starkem Wein voll eingeschenkt, und schenket aus demselben, aber die Gottlosen müssen alle trinken und die Hefen aussaufen.
Psalm 75, 9

Die *Lutherbibel 2017* ersetzt die „Gottlosen" durch „Frevler" und verändert damit den Sinn. Frevler tun etwas Unrechtes, Gottlose können passiv sein.

Der 90. Psalm enthält eine Fülle von Weisheiten in ungewöhnlicher sprachlicher Form. Hier werden vier Verse genannt, zugleich mit dem Wortlaut der neuen Übersetzungen.

Herr Gott, du bist unsere Zuflucht für und für. Ehe denn die Berge wurden und die Erde und die Welt geschaffen wurden, bist du, Gott, von Ewigkeit zu Ewigkeit.
Psalm 90, 2 (Luther)

Die *Einheitsübersetzung* sagt:

Herr, du warst unsere Zuflucht. Von Geschlecht zu Geschlecht. Ehe die Berge geboren wurden, die Erde entstand und das Weltall, bist du, o Gott, von Ewigkeit zu Ewigkeit.

In der *Bibel in gerechter Sprache* heißt es:

Mein Herrscher über uns alle, ein sicherer Ort bist du für uns von Generation zu Generation. Bevor die Berge geboren wurden und du unter Wehen Erde mit Erdkreis geboren hast – durch alle Zeiten bist du, Gott.

Hier wird das Wort „unter Wehen" eingebracht, um das Weibliche des Schöpfers zu betonen. Der Luthertext ist in seiner kurzen Einfachheit sprachlich am besten.

Der du die Menschen lässest sterben und sprichst: Kommt wieder, Menschenkinder! Denn tausend Jahre sind vor dir wie der Tag, der gestern vergangen ist, und wie eine Nachtwache.
Psalm 90, 3–4 (Luther)

Einheitsübersetzung:

Du lässt die Menschen zurückkehren zum Staub und sprichst: Kommt wieder, ihr Menschen! Denn tausend Jahre sind für dich wie der Tag, der gestern vergangen ist, wie eine Wache in der Nacht.

Bibel in gerechter Sprache:

Zurückkehren lässt du die Menschen zum Staub und sprichst: Kehrt zurück Menschenkinder. Tausend Jahre sind in deinen Augen wie der gestrige Tag, wenn er vorübergezogen ist – einer Nachtwache gleich.

Die sprachlichen Änderungen gegenüber der Lutherbibel sind unangebracht.

Unser Leben währet siebenzig Jahre, und wenn es hoch kommt, so sind es achtzig Jahre, und wenn es köstlich gewesen ist, so ist es Mühe und Arbeit gewesen; denn es fähret schnell dahin, als flögen wir davon.
Psalm 90, 10 (Luther)

Die *Lutherbibel 2017* ändert den Text geringfügig, was sprachlich nicht von Vorteil ist:

Unser Leben währet siebzig Jahre, und wenn's hoch kommt, so sind's achtzig Jahre, und was daran köstlich scheint, ist doch nur vergebliche Mühe, denn es fähret schnell dahin, als flögen wir davon.

Einheitsübersetzung:

Unser Leben währt siebzig Jahre, und wenn es hoch kommt, sind es achtzig. Das Beste daran ist nur Mühsal und Beschwer, rasch geht es vorbei, wir fliegen dahin.

Bibel in gerechter Sprache:

Unser Leben dauert siebzig Jahre, manchmal, wenn wir stark sind, achtzig Jahre. Ihr Stolz – Leid und Unheil! Schnell geht es vorbei und wir fliegen weg.

„... wir fliegen weg" ist sprachlich missraten. Der Luthertext des 90. Psalms, Vers 10 ist sprachlich so großartig, dass niemand daran hätte rütteln sollen.

Lehre uns bedenken, dass wir sterben müssen, auf dass wir klug werden.
Psalm 90, 12

Einheitsübersetzung:

Unsre Tage zu zählen, lehre uns! Dann gewinnen wir ein weises Herz.

Bibel in gerechter Sprache:

Lehre uns, unsere Tage zu zählen, damit wir ein weises Herz erlangen.

Ein Mensch ist in seinem Leben wie Gras, er blühet wie eine Blume auf dem Felde. Wenn der Wind darüber gehet, so ist sie nimmer da, und ihre Stätte kennet sie nicht mehr.
Psalm 103, 15–16

Vom Aufgang der Sonne bis zu ihrem Niedergang sei gelobet der Name des Herrn.
Psalm 113, 3

Der Stein, den die Bauleute verworfen, ist zum Eckstein geworden.
Psalm 118, 22

Ich hebe meine Augen auf zu den Bergen, von welchen mir Hilfe kommt.
Psalm 121, 1

> Die *Lutherbibel 2017* verändert den Sinn, indem sie schreibt:
>
> *Ich hebe meine Augen auf zu den Bergen. Woher kommt mir Hilfe?*
>
> Auch die *Einheitsübersetzung* benutzt die Frageform „Woher kommt mir Hilfe?".
>
> Die *Bibel in gerechter Sprache* schreibt:
>
> *Ich hebe meine Augen zu den Bergen. Woher kommt meine Hilfe?*

Wenn der Herr die Gefangenen Zions erlösen wird, so werden wir sein wie die Träumenden.
Psalm 126, 1

Die mit Tränen säen, werden mit Freuden ernten.
Psalm 126, 5

An den Wassern zu Babel saßen wir und weineten, wenn wir an Zion gedachten.
Psalm 137, 1

Nähme ich Flügel der Morgenröte und bliebe am äußersten Meer, so würde mich doch deine Hand daselbst führen und deine Rechte mich halten.
Psalm 139, 9-10

Erforsche mich, Gott, und erfahre mein Herz, prüfe mich und erfahre, wie ich es meine. Und siehe, ob ich auf bösem Wege bin und leite mich auf ewigem Wege.
Psalm 139, 23–24

> Die *Lutherbibel 2017* ersetzt „erfahre mein Herz" durch „erkenne mein Herz", eine sprachliche Verbesserung.

Das Buch der Sprichwörter (Sprüche Salomos)

Das Buch der Sprichwörter (Buch der Sprüche oder Sprüche Salomos) gehört zu den Ketuvim (Schriften), also zum dritten Teil des jüdischen Bibelkanons. Im christlichen Alten Testament gehört es zur Dichtung und Weisheitsliteratur, die hier vor die Prophetenbücher gerückt sind.

Mein Kind, wenn dich die bösen Buben locken, so folge nicht.
Sprüche Salomos 1, 10

… aber die Armen macht die Armut blöde.
Sprüche Salomos 10, 15

Ein schön Weib ohne Zucht ist wie eine Sau mit einem goldenen Haarband.
Sprüche Salomos 11, 22

> Das war selbst der *Lutherbibel 2017* zu derb. Sie schreibt:
>
> *Eine schöne Frau ohne Zucht ist wie eine Sau mit einem goldenen Ring durch die Nase.*
>
> Die *Bibel in gerechter Sprache* macht daraus:
>
> *Ein goldener Ring am Rüssel eines Wildschweins: Eine schöne Frau ohne Verstand.*

Die *Einheitsübersetzung* schreibt:

Ein goldener Ring im Rüssel eines Schweins ist ein Weib, schön, aber sittenlos.

Die *Lutherbibel 2017* ersetzt das als Schimpfwort empfundene „Weib" durch „Frau". Warum die neueren Übersetzungen das „goldene Haarband" nicht mochten und lieber von einem „goldenen Ring im Rüssel" sprechen, ist schwer zu verstehen. Luthers Text ist derb. Die neueren Übersetzungen wollten ihn abmildern. Aber was ist dabei herausgekommen? Warum ein „goldener Ring im Rüssel" anstatt eines „goldenen Haarbands"? Dass die *Bibel in gerechter Sprache* von einem „Wildschwein" spricht, sollte wohl das Schimpfwort Sau mildern.

Wo man arbeitet, da ist genug. Wo man aber mit Worten umgeht, da ist Mangel.
Sprüche Salomos 14, 23

Die *Lutherbibel 2017* verbessert den Text:

Wo man arbeitet, da ist Gewinn; wo man aber nur mit Worten umgeht, da ist Mangel.

Mancher kommt zu großem Unglück durch sein eigen Maul.

Sprüche Salomos 16, 26

Dieser Satz, der in seiner Aussage eindeutig ist, erhält in den anderen Übersetzungen eine andere Bedeutung.

Lutherbibel 2017:

Der Hunger des Arbeiters arbeitet für ihn, denn sein Mund treibt ihn an.

Einheitsübersetzung:

Der Hunger des Arbeiters arbeitet für ihn, denn sein Mund treibt ihn an.

Bibel in gerechter Sprache:

Der Hunger treibt Menschen zu harter Arbeit an; ja, ihr eigener Mund lässt ihnen keine Ruhe.

Die ursprüngliche Lutherübersetzung meint es wohl anders, nämlich: dummes Gerede (Maul) kann zum Unglück führen.

**Es ist besser, wohnen im wüsten Lande,
denn bei einem zänkischen und zornigen Weibe.**
Sprüche Salomos 21, 19

> Die *Bibel in gerechter Sprache* macht daraus:
>
> *Besser in der Wüste wohnen, als mit einer streitlustigen, launischen Person.*

**Einen Armen hassen auch seine Nächsten,
aber die Reichen haben viele Freunde.**
Sprüche Salomos 14, 20

**Es ist besser ein Gericht Kraut mit Liebe,
denn ein gemästeter Ochse mit Hass.**
Sprüche Salomos 15, 17

… und Krieg soll man mit Vernunft führen.
Sprüche Salomos 20, 18

**Reiche und Arme müssen untereinander sein;
der Herr hat sie alle gemacht.**
Sprüche Salomos 22, 2

Das Buch Kohelet (Prediger Salomo)

Das Buch Kohelet ist eine Sammlung von Weisheitssprüchen, praktischen Lebensratschlägen und Warnungen vor falscher Lebensweise, die es einem anonymen Prediger zuschreibt. Im christlichen Alten Testament wird es zu den Büchern der Weisheit gezählt.

Ein Geschlecht vergeht, das andre kommt, die Erde aber bleibt ewiglich.
Prediger Salomo 1, 4

… und geschieht nichts Neues unter der Sonne.
Prediger Salomo 1, 9

Denn es geht dem Menschen wie dem Vieh; wie dies stirbt, so stirbt er auch, und haben alle einerlei Odem; und der Mensch hat nichts mehr denn das Vieh, denn es ist alles eitel.
Prediger Salomo 3, 19

Auch wenn zwei beieinander liegen, wärmen sie sich; wie kann ein Einzelner warm werden?
Prediger Salomo 4, 11

Denn durch Faulheit sinken die Balken …
Prediger Salomo 10, 18

Das Hohelied Salomos

Das Hohelied Salomos ist ein Sonderfall der Heiligen Schrift. Alle acht Kapitel schildern in sprachlich großartiger Form eine Liebesbeziehung zwischen Mann und Frau, wobei intime Passagen nicht ausgespart bleiben. Vielen Christen ging diese Freizügigkeit zu weit, sie suchten nach einer allegorischen Auslegung des Textes und kamen darauf, die Kirche als die Liebende und Christus als den Bräutigam darzustellen.

In der alten Lutherbibel sind die einzelnen Kapitel noch mit Überschriften versehen. Beim Hohelied Salomos sind beispielsweise folgende Überschriften zu finden:

„Der christlichen Kirche Verlangen nach ihrem Bräutigam Christo, mit dem sie in Liebe versprochen und verbunden."

„Letztes Liebesgespräch Christo mit seiner Kirche."

Setze mich wie ein Siegel auf dein Herz und wie ein Siegel auf deinen Arm. Denn Liebe ist stark wie der Tod, und Eifer ist fest wie die Hölle. Ihre Glut ist feurig und eine Flamme des Herrn.
Dass auch viele Wasser nicht mögen die Liebe auslöschen, noch die Ströme sie ersäufen. Wenn einer alles Gut in seinem Hause um die Liebe geben wollte, so gälte es alles nichts.
Hohelied Salomos 8, 6–7

Dieses Liebeslied gehört sprachlich zu den Höhepunkten der Heiligen Schrift.

Die *Bibel in gerechter Sprache* verwässert seine Poesie:

Leg mich wie ein Siegel an dein Herz wie ein Siegel an deinen Arm. Denn stark wie der Tod ist die Liebe. Hart wie das Grab ist meine Leidenschaft. Ihre Flammen Feuerflammen Flammen Jahs. Wassermassen können die Liebe nicht löschen und Fluten sie nicht überschwemmen. Würde ein Mann allen Reichtum seines Hauses hergeben für solche Liebe verachten, ja verachten würde man ihn.

Auch die *Lutherbibel 2017* glaubte, diesen Text „verbessern" zu müssen. Weil es die „Hölle" nicht geben darf, lautet der zweite Satz:

Denn Liebe ist stark wie der Tod und Leidenschaft unwiderstehlich wie das Totenreich.

Die Verbindung von Leidenschaft mit Totenreich ist befremdlich.

Auch die *Einheitsübersetzung* macht es nicht besser, indem sie schreibt:

„... die Leidenschaft ist hart wie die Unterwelt."

Die Bücher der Propheten

Dieses Werk ist eine Zusammenstellung von zwölf Prophetenbüchern im Tanach, der hebräischen Bibel. Das Christentum übernahm die zwölf Propheten als Einzelbücher in sein Altes Testament und ließ sie als „kleine" den „großen" Propheten folgen. In den Büchern der Propheten finden wir ungewöhnliche Texte, oft traurig und anklagend, aber voller Poesie. Die Propheten, heute würden wir sie Wahrsager nennen, hatten einen hohen Rang. Sie schilderten im Guten wie im Schlechten das, was einmal kommen wird.

Das Buch Jesaja

Jesaja war der erste große Schriftprophet des Tanach. Er verhieß den Israeliten eine endzeitliche Wende zu universalem Frieden, Gerechtigkeit und Heil und erstmals einen zukünftigen Messias als gerechten Richter und Retter der Armen.
Das gleichnamige Buch der Bibel überliefert seine Prophetie in den Kapiteln 1–39. Diese bezeichnet man seit 1892 als Protojesaja.

Gustave Doré (1832–1883): *Gott vernichtet Leviathan (Vision von Jesaja)*, Gravur. Bibliotheca Ambrosiana, Mailand

Da werden sie ihre Schwerter zu Pflugscharen und ihre Spieße zu Sicheln machen. Denn es wird kein Volk wider das andere ein Schwert aufheben und werden fortan nicht mehr kriegen lernen.
Jesaja 2, 4

Die *Bibel in gerechter Sprache* macht aus „Spieße zu Sicheln" „Lanzen zu Winzermessern", eine gelungene Umschreibung, abgesehen von den etwas unglücklichen „Winzermessern".

Noch besser klingt die *Einheitsübersetzung*:

Dann schmieden sie Pflugscharen aus ihren Schwertern und Winzermesser aus ihren Lanzen. Man zieht nicht mehr das Schwert, Volk gegen Volk, und übt nicht mehr für den Krieg.

Siehe, eine Jungfrau ist schwanger und wird einen Sohn gebären, den wird sie heißen Immanuel.
Jesaja 7, 14

Hinweis auf die Geburt Jesu.
Die *Lutherbibel 2017* belässt es bei diesem Text, die *Bibel in gerechter Sprache* stellt die jungfräuliche Geburt, ein Kernstück der Glaubenslehre, infrage, indem sie schreibt:

Sieh doch, eine junge Frau ist schwanger, sie wird ein Kind gebären und es „Gott-ist-mit-uns" nennen.

Nebenbei verzichtet diese Übersetzung auf den „Sohn", indem sie „Kind" schreibt.

Euer Land ist wüste, eure Städte sind mit Feuer verbrannt. Fremde verzehren eure Äcker vor euren Augen ...
Jesaja 1, 7

Das Volk, so im Finstern wandelt, siehet ein großes Licht, und über die da wohnen im finstern Lande, scheinet es helle.
Jesaja 9, 2

Denn die Leiter dieses Volkes sind Verführer, und die sich leiten lassen, sind verloren.
Jesaja 9, 16

Und es wird eine Rute aufgehen von dem Stamm Isais, und ein Zweig aus seiner Wurzel Frucht bringen.
Auf welchem wird ruhen der Geist des Herrn, der Geist der Weisheit und des Verstandes, der Geist des Rats und der Stärke, der Geist der Erkenntnis und der Furcht des Herrn.
Jesaja 11, 1–2

> Ein weiterer Hinweis auf die Geburt des Heilands. Die *Lutherbibel 2017* macht aus der „Rute" ein „Reis", eine gelungene Korrektur.

Bringet den Durstigen Wasser entgegen … bietet Brot den Flüchtigen. Denn sie fliehen vor dem Schwert, ja, vor dem bloßen Schwert, vor dem gespannten Bogen, vor dem großen Streit.
Jesaja 21, 14–15

> Eine Metapher auch für die modernen Fluchtbewegungen.

Wer glaubet, der fliehet nicht.
Jesaja 28, 16

> Dieser Satz ist vielen in den Kriegen der Neuzeit zum Verhängnis geworden. Weil sie an die Bibel glaubten, gingen sie nicht auf die Flucht, sondern vertrauten auf ihren Glauben. Die *Bibel in gerechter Sprache* macht daraus:
>
> *Wer vertraut, ist nicht unruhig.*

Fahre hin durch dein Land wie ein Strom, du Tochter des Meeres.
Jesaja 23, 10

Und das Recht wird in der Wüste wohnen, und Gerechtigkeit auf dem Acker hausen.
Jesaja 32, 16

Es ist eine Stimme eines Predigers in der Wüste: Bereitet dem Herrn den Weg, machet auf dem Gefilde eine ebene Bahn unserem Gott.
Jesaja 40, 3

Siehe, ihr seid aus nichts, und euer Tun ist auch aus nichts; und euch wählen ist ein Greuel.
Jesaja 41, 24

Singet dem Herrn ein neues Lied, sein Ruhm ist an der Welt Ende, die im Meer fahren, und was drinnen ist, die Inseln und die drinnen wohnen.
Jesaja 42, 10

Wie lieblich sind auf den Bergen die Füße der Boten, die da Frieden verkündigen, Gutes predigen, Heil verkündigen ...
Jesaja 52, 7

Auch die *Bibel in gerechter Sprache* vermag die unglückliche Doppelung „verkündigen" nicht zu verbessern:

Wie schön sind auf den Bergen die Füße derjenigen, die Freude verkünden, die Frieden ansagen, Gutes verkünden.

Am besten formuliert noch die *Einheitsübersetzung*:

Wie willkommen sind auf den Bergen die Schritte des Freudenboten, der Frieden ankündigt, der eine frohe Botschaft bringt und Rettung verheißt.

Ich werde gesucht von denen, die nicht nach mir fragten, ich werde gefunden von denen, die mich nicht suchten.
Jesaja 65, 1

Denn siehe, ich will einen neuen Himmel und neue Erde schaffen, dass man der vorigen nicht mehr gedenken wird …
Jesaja 65, 17

Der Himmel ist mein Stuhl und die Erde meine Fußbank …
Jesaja 66, 1

Das Buch Jeremias

Jeremias ist einer der drei großen Schriftpropheten des Tanach und damit des Alten Testaments. Das nach ihm benannte Buch gehört im jüdischen Bibelkanon zu den „hinteren" Nevi'im und steht dort nach Jesaja und vor Hesekiel (Ezechiel) an zweiter Stelle.

Weise sind sie genug, Übels zu tun, aber wohltun wollen sie nicht lernen.
Jeremias 4, 22

Das Wort „weise" im Zusammenhang mit „Übel tun" ist verfehlt. Die *Einheitsübersetzung* macht es besser:

Sie wissen, wie man Böses tut, aber Gutes zu tun, verstehen sie nicht.

Am bestem formuliert die *Bibel in gerechter Sprache*:

Sie sind klug genug, um Böses zu tun, aber Gutes tun, verstehen sie nicht.

Und will herausnehmen allen fröhlichen Gesang, die Stimme des Bräutigams und der Braut, die Stimmen der Mühlen und Licht der Laterne, dass dieses ganze Land wüste und zerstört liegen soll ...
Jeremias 25, 10–11

Obwohl voller Traurigkeit, handelt es sich um eine der schönsten Passagen des Alten Testaments. Die Wendung „Stimmen des Bräutigams und der Braut" kommt häufiger in der Heiligen Schrift vor, u. a. in der Offenbarung Kapitel 18, 23; es ist gewissermaßen ein Synonym für fröhliches Feiern.

Was macht die *Bibel in gerechter Sprache* daraus:

Verstummen lasse ich bei ihnen Jubelrufe und Freudenklänge, die fröhlichen Stimmen von Braut und Bräutigam und den Klang der Handmühle. Das Licht der Lampe lasse ich verlöschen. Das ganze Land soll zur Trümmerstätte und zum Ort des Entsetzens werden.

Sprachlich noch dürftiger ist die *Einheitsübersetzung*:

Ich lasse bei ihnen aufhören den Jubelruf und den Freudenruf, den Ruf des Bräutigams und den Ruf der Braut, das Geräusch der Handmühle und das Licht der Lampe. Dieses Land wird zum Trümmerfeld und zu einem Bild des Entsetzens ...

Die *Lutherbibel 2017* macht aus „Licht der Laterne" ein „Licht der Lampe". Um nicht zweimal von „Stimmen" zu sprechen, schreibt sie „Geräusch der Mühle". „Geräusch" klingt nicht gut.
In Jeremias Kapitel 7, 34 kommt die „Stimme des Bräutigams" erneut vor:

Und will ... wegnehmen das Geschrei der Freude und Wonne und die Stimme des Bräutigams und der Braut; denn das Land soll wüste sein.

Die Rückkehr Israels aus babylonischer Gefangenschaft wird ebenfalls mit einem „Geschrei von Freude und Wonne" und der „Stimme des Bräutigams und der Braut" begleitet (Jeremias 33, 11).

Der Menschen Leichname sollen liegen wie Garben hinter den Schnittern, die niemand sammelt.
Jeremias 9, 22

Züchtige mich, Herr, doch mit Maße ...
Jeremias 10, 24

Verflucht ist der Mann, der sich auf Menschen verlässt.
Jeremias 17, 5

Denn so ihr mich von ganzem Herzen suchen werdet, so will ich mich von euch finden lassen.
Jeremias 29, 13–14

Und ihr sollt mein Volk sein, und ich will euer Gott sein.
Jeremias 30, 22

Man hört eine klägliche Stimme und bitteres Weinen auf der Höhe. Rahel weinet über ihre Kinder und will sich nicht trösten lassen ..., denn es ist aus mit ihnen.
Jeremias 31, 15

Fliehet aus Babel, damit ein jeglicher seine Seele errette, dass ihr nicht untergehet in ihrer Missetat ...
Jeremias 51, 6

Pieter Bruegel der Ältere (1563): *Turmbau zu Babel* (Wiener Version), Öl auf Eichenholz, 114 x 155 cm. Kunsthistorisches Museum, Wien

Wie lange willst du in der Irre gehen, du abtrünnige Tochter? Denn der Herr wird ein Neues im Lande erschaffen; das Weib wird den Mann umgeben.
Jeremias 31, 22

Jeremias prophezeit eine neue Stellung der Frau in der Gesellschaft. Die *Bibel in gerechter Sprache* formuliert es so:

Wie lange willst du dich noch zögernd verhalten, Tochter, die du zurückgebracht werden sollst? Denn Gott hat Neues im Lande geschaffen. Die Frau wird den starken Mann umgeben.

Ägypten ist ein sehr schönes Kalb, aber es kommt von Mitternacht der Schlächter.
Jeremias 46, 20

Die *Lutherbibel 2017* formuliert schwächer:

Ägypten ist wie eine schöne junge Kuh; die Hornisse von Norden stürzt sich auf sie.

Die *Einheitsübersetzung* macht es noch schlechter:

Eine stattliche Jungkuh ist Ägypten, die Bremse von Norden stürzt sich auf sie.

Und die *Bibel in gerechter Sprache* sagt:

Eine sehr schöne Jungkuh war Ägypten. Eine Bremse von Norden fiel über sie her.

Den neueren Übersetzungen war offenbar das „Schlachten" zu blutrünstig, deshalb ließen sie Bremsen und Hornissen stechen.

Die Klagelieder Jeremias

Wie liegt die Stadt so wüste, die voll Volks war. Sie ist wie eine Witwe. Die eine Fürstin unter den Heiden und eine Königin in den Ländern war, muss nun dienen.
Klagelieder Jeremias 1, 1

Bringe uns, Herr, wieder zu dir, dass wir wieder heim kommen ...
Klagelieder Jeremias 5, 21

Das Buch Hesekiel

Das Buch Hesekiel besteht aus Klagen, Anklagen, Mord und Totschlag. Es befasst sich häufiger als die anderen Bücher des Alten Testaments mit Hurerei und dem Treiben „böser Weiber". Ein ganzes Kapitel schildert gleichnishaft die Unzucht der Königreiche Juda und Israel, die von Hesekiel als Huren bezeichnet werden, mit den fremden Eroberern. Die *Bibel in gerechter Sprache* kommentiert diese Auswüchse so: „Insbesondere die Urteilsankündigungen Ezechiels (Hesekiels) fallen durch neue, sehr gewagte, zum Teil sogar schockierende und verletzende Sprachbilder auf."

Der Sohn soll nicht tragen die Missetat des Vaters, und der Vater soll nicht tragen die Missetat des Sohnes ...
Hesekiel 18, 20

Hier haben wir es mit einer alttestamentarischen Aussage gegen die Kollektivschuld zu tun. Im 2. Buch Moses, Kapitel 34, 7, wird die Missetat der Väter allerdings heimgesucht „bis ins dritte und vierte Glied". Die *Bibel in gerechter Sprache* sagt es, wenn auch sprachlich dürftiger, noch deutlicher:

Die nachfolgende Generation aber wird nicht für die Schuld der Vorfahren verantwortlich gemacht, die Vorfahren werden nicht für die Schuld der nachfolgenden Generation verantwortlich gemacht.

Ich habe kein Gefallen am Tode des Sterbenden ...
Darum bekehret euch, so werdet ihr leben.
Hesekiel 18, 32

Denn es wird weder der Hut noch die Krone bleiben, sondern der sich erhöhet hat, soll geniedrigt werden und der sich geniedrigt hat, soll erhöht werden.
Hesekiel 21, 26

Wehe den Hirten ..., die sich selbst weiden.
Hesekiel 34, 2

Ich will das Verlorene wieder suchen, und das Verirrete wiederbringen, und das Verwundete verbinden, und des Schwachen warten ...
Hesekiel 34, 16

... ihr sollt wohnen im Lande, das ich euren Vätern gegeben habe, und sollt mein Volk sein, und ich will euer Gott sein.
Hesekiel 36, 28

Das Buch Daniel

Beim Propheten Daniel finden wir eindringliche Erzählungen, die sich wegen ihrer poetischen Kraft ins Gedächtnis der Völker eingeprägt haben: „Die Männer im Feuerofen", „Die Schrift an der Wand", „Daniel in der Löwengrube".
Die Geschichte vom babylonischen König und der Schrift an der Wand hat Heinrich Heine in seinem Gedicht „Belsazar" wiedergegeben. Die alte Lutherbibel schreibt:

Eben zu derselbigen Stunde gingen hervor Finger als einer Menschenhand die schrieben, gegen dem Leuchter über, auf die getünchte Wand in dem königlichen Saal; und der König ward gewahr der Hand, die da schrieb. Da entfärbte sich der König, und seine Gedanken erschreckten ihn, dass ihm die Lenden schütterten und die Beine zitterten.
Daniel 5, 5–6

Die *Einheitsübersetzung* formuliert diese Stelle so:

In derselben Stunde erschienen die Finger einer Menschenhand und schrieben gegenüber dem Leuchter etwas auf die weißgetünchte Wand des königlichen Palastes. Der König sah den Rücken der Hand, als sie schrieb. Da erbleichte er, und seine Gedanken erschreckten ihn. Seine Glieder wurden schwach und ihm schlotterten die Knie.

In der *Bibel in gerechter Sprache* heißt es:

In dieser Stunde kamen Finger einer Menschenhand zum Vorschein und schrieben dem Leuchter gegenüber auf die Kalkwand des Königspalastes. Der König sah das Stück Hand, das schrieb. Die Miene des Königs geriet aus den Fugen, seine Gedanken verstörten ihn, seine Hüftgelenke schlotterten und seine Knie schlugen aneinander.

Keine der drei Fassungen ist stilistisch groß. Die *Bibel in gerechter Sprache* fällt außerdem mit einigen sprachlichen Missgriffen auf: „Ein Stück Hand" und die „Miene des Königs geriet aus den Fugen" sind missraten.

Die *Lutherbibel 2017* macht es besser:

Im gleichen Augenblick gingen hervor Finger wie von einer Menschenhand, die schrieben gegenüber dem Leuchter auf die getünchte Wand im Königspalast. Und der König erblickte die Hand, die da schrieb. Da entfärbte sich der König, und seine Gedanken erschreckten ihn, sodass seine Glieder schwach wurden und ihm die Knie schlotterten.

Das Verb „entfärbte sich" hätte durch „erbleichte" ersetzt werden sollen.

Heinrich Heine schreibt in seiner Ballade
„Belsazar":

Die Mitternacht zog näher schon;
In stummer Ruh lag Babylon.

Nur oben in des Königs Schloss,
Da flackert's, da lärmt des Königs Tross.

Dort oben in dem Königssaal
Belsazar hielt sein Königsmahl.

Die Knechte saßen in schimmernden Reihn,
Und leerten die Becher mit funkelndem Wein.

Es klirrten die Becher, es jauchzten die Knecht;
So klang es dem störrigen Könige recht.

Des Königs Wangen leuchten Glut;
Im Wein erwuchs ihm kecker Mut.

Und blindlings reißt der Mut ihn fort;
Und er lästert die Gottheit mit sündigem Wort.

Und er brüstet sich frech, und lästert wild;
Der Knechtenschar ihm Beifall brüllt.

Der König rief mit stolzem Blick;
Der Diener eilt und kehrt zurück.

Er trug viel gülden Gerät auf dem Haupt;
Das war aus dem Tempel Jehovahs geraubt.

Und der König ergriff mit frevler Hand
Einen heiligen Becher, gefüllt bis am Rand.

Und er leert ihn hastig bis auf den Grund,
Und rufet laut mit schäumendem Mund:

„Jehovah! dir künd ich auf ewig Hohn –
Ich bin der König von Babylon!"

Doch kaum das grause Wort verklang,
Dem König ward's heimlich im Busen bang.

Das gellende Lachen verstummte zumal;
Es wurde leichenstill im Saal.

Und sieh! und sieh! an weißer Wand
Da kam's hervor wie Menschenhand;

Und schrieb, und schrieb an weißer Wand
Buchstaben von Feuer, und schrieb und schwand.

Der König stieren Blicks da saß,
Mit schlotternden Knien und totenblass.

Die Knechtenschar saß kalt durchgraut,
Und saß gar still, gab keinen Laut.

Die Magier kamen, doch keiner verstand
Zu deuten die Flammenschrift an der Wand.

Belsazar ward aber in selbiger Nacht
Von seinen Knechten umgebracht.

Das ist aber die Schrift allda verzeichnet: Mene, mene, tekel, peres. Und sie bedeutet dies: Mene, das ist, Gott hat dein Königreich gezählet und vollendet; tekel, das ist, man hat dich in einer Waage gewogen, und zu leicht gefunden; peres, das ist, dein Königreich ist zerteilet, und den Medern und Persern gegeben.
Daniel 5, 25–28

Bei der Übersetzung der Schrift an der Wand (mene tekel peres, Daniel 5, 26–28) ist die *Einheitsübersetzung* am treffendsten:

Diese Worte bedeuten: Mene: Gezählt hat Gott die Tage deiner Herrschaft und macht ihr ein Ende. Tekel: Gewogen wurdest du auf der Waage und zu leicht befunden. Peres: Geteilt wird dein Reich und den Medern und Persern gegeben.

Die *Bibel in gerechter Sprache* ändert das zur Volksweisheit gewordene „gewogen und zu leicht befunden" in „Du wurdest mit der Waage gewogen und reichtest nicht hin".

Das Buch Hosea

Hosea bezeichnet einen historischen Schriftpropheten (750–725 v. Chr.) im Nordreich Israel und das ihm zugeschriebene Buch. Mit ihm beginnt das Zwölfprophetenbuch im hebräischen Tanach. Es berichtet von Hoseas Kampf gegen den Götzendienst in Metaphern einer Liebesbeziehung.

... denn es ist keine Treue, keine Liebe, kein Wort Gottes im Lande.
Hosea 4, 1

Die *Bibel in gerechter Sprache* übersetzt diese Stelle so:

Denn es gibt keine Zuverlässigkeit, keine Freundlichkeit und keine Gotteserkenntnis im Lande.

Die *Einheitsübersetzung* kommt dem alten Luthertext am nächsten:

Es gibt keine Treue und keine Liebe und keine Gotteserkenntnis im Land.

Hurerei, Wein und Most machen toll.
Hosea 4, 11

Denn ich habe Lust an der Liebe und nicht am Opfer ...
Hosea 6, 6

>Die *Bibel in gerechter Sprache* sagt:
>―――
>*Denn Güte gefällt mir und nicht Schlachtopfer*
>
>Die *Einheitsübersetzung* umschreibt diesen Satz lapidar:
>―――
>*Liebe will ich, nicht Schlachtopfer*

Denn sie säen Wind und werden Ungewitter einernten.
Hosea 8, 7

>Die *Einheitsübersetzung* macht es deutlicher:
>―――
>*Denn sie säen Wind, und sie ernten Sturm.*
>
>Die *Lutherbibel 2017* schreibt es am besten:
>―――
>*Denn sie säen Wind und werden Sturm ernten.*
>
>So ist der Satz auch im Volksmund gebräuchlich.

Das Buch Amos

Amos war ein sozialkritischer Prophet aus dem Südreich Juda, der im achten Jahrhundert v. Chr. im Nordreich Israel wirkte. Das ihm zugeschriebene Buch gehört zum Zwölfprophetenbuch im Tanach. Amos ist der erste der Propheten, dessen Worte aufgezeichnet und in Buchform überliefert wurden.

… er ist es, der die Berge macht, den Wind schaffet und zeiget dem Menschen, was er reden soll. Er macht die Morgenröte und die Finsternis, er tritt auf den Höhen der Erde …
Amos 4, 13

Siehe, es kommt die Zeit, dass ich einen Hunger in das Land schicken werde, nicht einen Hunger nach Brot oder Durst nach Wasser, sondern nach dem Wort des Herrn …
Amos 8, 11

Wer kann mit Rossen rennen oder mit Ochsen pflügen auf Felsen? Denn ihr wandelt das Recht in Galle und die Frucht der Gerechtigkeit in Wermut.
Amos 6, 12

Die *Lutherbibel 2017* bringt eine zweckmäßige Veränderung:

Wer kann auf Felsen mit Rossen rennen oder mit Rindern das Meer pflügen? Doch ihr wandelt das Recht in Gift und die Frucht der Gerechtigkeit in Wermut …

Das Buch Obadja

Obadja heißt ein biblischer Prophet und seine Schrift im Tanach. Sie gehört zum Zwölfprophetenbuch und ist mit 21 Versen das kürzeste Buch des Tanach.
Insgesamt zeigt sich im Buch Obadja eine starke Erwählungstheologie, welche die Gegenwart Gottes an den Fortbestand des Jerusalemer Tempels bindet.

... die Leute, auf die du deinen Trost setzest, werden dich betrügen und überwältigen; die dein Brot essen, werden dich verraten, ehe du es merken wirst.
Obadja 1, 7

Die *Lutherbibel 2017* sagt es deutlicher:

Alle deine Vertrauten haben dich betrogen und überwältigt; die dein Brot essen, haben dich verraten.

Das Buch Micha

Micha war einer der ersten Schriftpropheten im Tanach. Seine nach ihm benannte Schrift gehört zum Zwölfprophetenbuch.

Sie werden ihre Schwerter zu Pflugscharen und ihre Spieße zu Sicheln machen. Es wird kein Volk wider das andere ein Schwert aufheben, und werden nicht mehr kriegen lernen.
Micha 4, 3

Das Bild von den „Schwertern zu Pflugscharen" kommt in mehreren Büchern des Alten Testaments vor.

Die *Bibel in gerechter Sprache* übersetzt diesen Text sprachlich besser:

Und sie werden ihre Schwerter umschmieden zu Pflugscharen und ihre Speere zu Winzermessern. Kein Volk wird mehr gegen das andere das Schwert erheben, und sie werden den Krieg nicht mehr erlernen.

Die „Winzermesser" sind allerdings fehl am Platze; hier hätte man es bei den „Sicheln" der Lutherübersetzung belassen sollen. Pflugscharen und Sicheln bilden eine Einheit; die einen brechen den Acker auf, die anderen schneiden das auf dem Acker gewachsene Korn.

Beim Propheten Joel 3, 15 (*Lutherbibel 2017*) kommt als Aufruf zum Heiligen Krieg auch das Gegenteil vor:

Machet aus euren Pflugscharen Schwerter und aus euren Sicheln Spieße ...

Und du Bethlehem Ephratha, die du klein bist unter den Tausenden in Juda, aus dir soll mir der kommen, der in Israel Herr sei, welches Ausgang von Anfang und von Ewigkeit her gewesen ist.
Micha 5, 1

Ein Hinweis auf die Geburt Jesu in Bethlehem, häufig zitiert bei den Weihnachtsgottesdiensten.

Niemand glaube seinem Nächsten, niemand verlasse sich auf Fürsten; bewahre die Tür deines Mundes vor der, die in deinen Armen schläft. Denn der Sohn verachtet den Vater, die Tochter setzt sich wider die Mutter, die Schnur ist wider die Schwieger, und des Menschen Feinde sind sein eigen Hausgesinde.
Micha 7, 5–6

Die *Lutherbibel 2017* macht im ersten Satz aus „Fürsten" „Freunde" und verändert damit den Inhalt zum Negativen.

Der letzte Halbsatz erscheint in der *Einheitsübersetzung* so:

... jeder hat die eigenen Hausgenossen zum Feind.

Die *Bibel in gerechter Sprache* formuliert unglücklich und feministisch motiviert:

... zu Feinden des Mannes werden seine Hausklaven.

Warum „des Mannes", warum „Hausklaven"?

Das Buch Nahum

Nahum heißt ein biblischer Prophet und sein Buch. Es gehört zum Zwölfprophetenbuch des hebräischen Tanach bzw. des christlichen Alten Testaments. Sein Name bedeutet „Tröster".

... auf den Bergen kommen Füße eines guten Boten, der da Frieden predigt ...
Nahum 2, 1

Alle deine festen Städte sind wie Feigenbäume mit reifen Feigen, wenn man sie schüttelt, dass sie dem ins Maul fallen, der sie essen will.
Nahum 3, 12

Die Propheten Habakuk, Zefanja, Haggai und Sacharja gehören zum Zwölfprophetenbuch des Tanach und sind Kleine Propheten des Alten Testaments.

Das Buch Habakuk

Die Berge sahen dich, und ihnen ward bange; der Wasserstrom fuhr dahin, die Tiefe ließ sich hören, die Höhe hub die Hände auf.
Habakuk 4, 10

Aber ich will mich freuen des Herrn, und fröhlich sein in Gott, meinem Heil.
Habakuk 4, 18

Das Buch Zefanja

Sie werden Häuser bauen und nicht drinnen wohnen; sie werden Weinberge pflanzen, und keinen Wein davon trinken.
Zefanja 1, 13

Das Buch Haggai

Ihr säet viel, und bringet wenig ein; ihr esset, und werdet doch nicht satt; ihr trinket, und werdet doch nicht trunken; ihr kleidet euch, und könnet euch doch nicht erwärmen; und welcher Geld verdienet, der legt es in einen löchrigen Beutel.
Haggai 1, 6

Das Buch Sacharja

Rede einer mit dem andern Wahrheit und richtet recht und schaffet Frieden in euren Toren. Und denke keiner kein Arges in seinem Herzen wider seinen Nächsten ...
Sacharja 8, 16–17

Aber du, Tochter Zion, freue dich sehr, und du Tochter Jerusalem, jauchze; siehe, dein König kommt zu dir, ein Gerechter und ein Helfer, arm, und reitet auf einem Esel und auf einem jungen Füllen der Eselin.
Sacharja 9, 9

> Hier hat das Kirchenlied „Tochter Zion" seinen Ursprung.

Und er wird durch das Meer der Angst gehen, und die Wellen im Meer schlagen, dass alle Tiefen des Wassers vertrocknet werden ...
Sacharja 10, 11

Die Apokryphen

Apokryphen sind religiöse Schriften jüdischer bzw. christlicher Herkunft aus der Zeit zwischen etwa 200 v. und 400 n. Chr., die nicht in einen biblischen Kanon aufgenommen wurden oder über deren Zugehörigkeit Uneinigkeit besteht.
Nach Benennung, Verfassertradition und Inhalt erheben apokryphe Schriften einen quasibiblischen Anspruch. Nur in dieser Hinsicht wurden sie von der vorherrschenden Strömung der Theologie als „apokryph" im Sinne von abseitig und unzuverlässig charakterisiert. Der Begriff ist christlicher Herkunft und wird auch weitgehend nur in der christlichen Theologie verwendet.
Mit den Apokryphen betritt man eine besondere Welt der literarischen Kleinode. In der alten Lutherbibel werden sie als Bücher bezeichnet, „so der Heiligen Schrift nicht gleich gehalten und doch nützlich und gut zu lesen sind". Sie sind auch deshalb gut zu lesen, weil sie spannende Geschichten und eine Fülle von Lebensweisheiten enthalten.
Am Ende der Apokryphen stehen noch einige kurze Texte, die mehr durch die Titel als den Inhalt poetisch wirken:

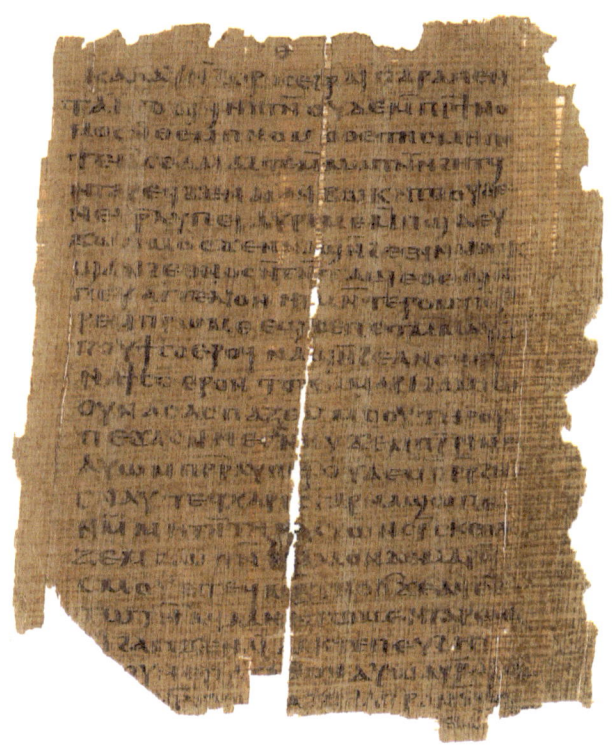

Der einzigartige sogenannte Berliner koptisch-gnostische Papyruskodex umfast 141 Blätter und zeugt von den Auseinandersetzungen der verschiedenen Glaubensrichtungen der Zeit. Er enthält mehrere apokryphe Evangelien-Texte aus dem späten vierten Jahrhundert n. Chr. – so etwa das Apokryphon des Johannes, die Sophia Jesu Christi oder die Praxis des Petrus.

Papyrus Berolinensis 8502, gnostische Sammelhandschrift – Fragment 9. Ägyptisches Museum und Papyrussammlung. Staatliche Museen zu Berlin

„Stücke in Esther"
„Vom Bel zu Babel"
„Das Gebet Asariä"
„Vom Drachen zu Babel"
„Der Gesang der drei Männer im Feuer"
„Das Gebet Manasses, des Königs Judas, da er gefangen war zu Babel"
Die „Historie von Susanna und Daniel" ist ein Kriminalstück voller sexueller Begierde, Versuchung und falscher Anschuldigungen, aber mit gutem Ausgang.

Das Buch Judith

Das Buch Judith erzählt von einer schönen, stolzen Frau, die Holofernes, dem Feldherrn Nebukadnezars, der mit ihr schlafen wollte, mit einem Schwert den Kopf vom Rumpf trennte.
Es ist eine Erzählung voller Unwahrscheinlichkeiten, aber gut zu lesen. Vor seinem Tode sprach Holofernes zu seinen Knechten über die schöne Judith:

Denn es ist eine Schande bei den Assyrern, dass ein solch Weib sollte unbeschlafen von uns kommen und einen Mann genarrt haben.
Judith 12, 12

Die *Lutherbibel 2017* verändert diesen Text:

Denn siehe, es wäre doch eine Schande für uns, wenn uns eine solche Frau entgehen sollte, ohne dass wir mit ihr verkehrt hätten.

Das Wort „unbeschlafen" galt offenbar als wenig verständlich, ist aber im Gegensatz zu „verkehrt hätten" sprachlich stärker. Der Satzteil „einen Mann genarrt haben" fehlt. Auch dadurch verliert der Text an Poesie.

Die *Bibel in gerechter Sprache* übertreibt:

Es wäre doch wirklich eine Schande für uns, eine Frau wie sie bei uns zu haben, ohne mit ihr zu verkehren. Wenn wir sie nicht an uns rissen, würde sie selbst uns auslachen.

Das Buch Tobias

Im Buch Tobiä finden wir die seltsame Liebesgeschichte von Sarah. Die Tochter aus gutem Hause, wie man heute sagen würde, soll verheiratet werden. Sieben Eheanwärter sterben in der Hochzeitsnacht, bevor es zu einer Vereinigung des Paares kommt. Die näheren Umstände der Todesfälle spart die Schrift aus und überlässt sie der Fantasie des Lesers. Als achter Freier erscheint der junge Tobias. Auf der weiten Reise zur Brautwerbung wird er von einem Burschen begleitet, der ihm den Weg zeigt und das Gespräch mit dem Brautvater vermittelt. Die Hochzeit kommt zustande. Die ersten drei Ehenächte verbringt das Paar in seiner Kammer mit Singen und Beten. Erst am vierten Tag kommt es zur ehelichen Vereinigung. Der junge Begleiter gibt sich als Engel Raphael zu erkennen, der nach Erfüllung seiner Mission in den Himmel zurückkehrt. Sarah und Tobias führen ein langes, glückliches Leben, und wenn sie nicht gestorben sind ...

Was du nicht willst, dass man dir tue, das tue einem anderen auch nicht.
Tobias 4, 16

Dieser Text, der zur Volksweisheit geworden ist, wird von der *Lutherbibel 2017* zu einem Reim verdichtet:

Was du nicht willst, dass man dir tu, das füg auch keinem anderen zu.

Das Buch Baruch

Das Buch Baruch bezeichnet einen Text, der –
bewusst falsch – dem Schreiber des Propheten
Jeremia, Baruch, zugeschrieben wurde. In der Septuaginta steht diese Schrift direkt hinter dem Buch
Jeremia. Das Judentum übernahm sie nicht in den
Tanach. Die römisch-katholische Kirche und orthodoxe Kirchen nahm sie als deuterokanonische
Schrift in ihr Altes Testament auf und stellte sie
hinter die Klagelieder Jeremias. In den evangelischen Kirchen gehört sie zu den Apokryphen.

So will ich in den Städten Judas und von Jerusalem wegnehmen das Geschrei der Freude und Wonne und die Stimme des Bräutigams und der Braut, und das ganze Land soll wüste stehen und niemand drinnen wohnen.
Baruch 2, 23

Mache dich auf, Jerusalem, und tritt auf die Höhe und siehe umher gegen Morgen, und schaue deine Kinder, die beide vom Abend und vom Morgen versammelt sind durch das Wort des Heiligen ...
Baruch 5, 5

Die *Lutherbibel 2017* ersetzt die Worte „Morgen"
durch „Osten" und „Abend" durch „Westen", eine
Richtigstellung, die aber dem Text die Poesie raubt.

Das Buch Jesus Sirach

Das Buch Jesus Sirach ist eine Fundgrube der Poesie und Spruchweisheiten. Viele Worte sind in die Alltagssprache übergegangen, wobei das Wissen, dass es sich um Bibeltexte handelt, verloren gegangen ist.

Die Furcht des Herrn ist der Weisheit Anfang.
Sirach 1, 16

Denn des Vaters Segen bauet den Kindern Häuser, aber der Mutter Fluch reißet sie nieder.
Sirach 3, 11

Deine Hand soll nicht aufgetan sein, immer zu nehmen, und zugeschlossen, nimmer zu geben.
Sirach 4, 36

Verstehest du die Sache, so unterrichte deinen Nächsten, wo nicht, so halte dein Maul zu.
Sirach 5, 14

Denn Reden bringet Ehre, und Reden bringet auch Schande, und den Menschen fället seine eigene Zunge.
Sirach 5, 15

Zanke nicht mit einem Schwätzer, dass du nicht Holz zutragest zu seinem Feuer.
Sirach 8, 4

Ein neuer Freund ist ein neuer Wein, lass ihn alt werden, so wird er dir wohl schmecken.
Sirach 9, 15

Wie der Regent ist, so sind auch seine Amtleute, wie der Rat ist, so sind auch die Bürger.
Sirach 10, 2

Halte es mit jedermann freundlich, vertraue aber unter Tausenden kaum einem.
Sirach 6, 6

Hier ändert die *Lutherbibel 2017* Stil und Inhalt:

Lebe in Frieden mit vielen, aber zum Ratgeber nimm unter tausend nur einen.

Und wenn der Arzt schon lange dran flickt, so gehet es doch endlich also: Heute König, morgen tot. Und wenn der Mensch tot ist, so fressen ihn die Schlangen und Würmer.
Sirach 10, 11–13

> Hier verfälscht die *Lutherbibel 2017* den Anfangssatz, indem sie schreibt:
>
> *Lang ist die Krankheit, und der Arzt spottet: Heute König, morgen tot.*
>
> Von einem Spott des Arztes kann keine Rede sein; das ist ein Missverständnis.

Wie der Löwe das Wild frisst in der Heide, so fressen die Reichen die Armen.
Sirach 13, 23

Wenn der Reiche fallen will, so helfen ihm seine Freunde auf; wenn der Arme fällt, stoßen ihn auch seine Freunde zu Boden.
Sirach 13, 25

Denn was ist der Mensch? Wozu taugt er? ... Wenn er lange lebt, so lebt er hundert Jahre. Gleich wie ein Tröpflein Wassers gegen das Meer und wie ein Körnlein gegen den Sand am Meer, so gering sind seine Jahre gegen die Ewigkeit.
Sirach 18, 7–8

Hörest du was Böses, das sage nicht nach, denn Schweigen schadet dir nicht.
Sirach 19, 6

Hast du etwas gehöret, lass es mit dir sterben, so hast du ein ruhig Gewissen, denn du wirst ja nicht davon bersten.
Sirach 19, 10

Die Narren haben ihr Herz im Maul, aber die Weisen haben ihren Mund im Herzen.
Sirach 21, 28

Wenn du in der Jugend nicht sammelst, was willst du im Alter finden?
Sirach 25, 5

Wer eine Grube gräbt, der fällt selber drein.
Sirach 28, 29

Wer Geld lieb hat, der bleibt nicht ohne Sünde …
Sirach 31, 5

Und was ist das Leben, da kein Wein ist?
Sirach 32, 33

Tue nichts ohne Rat, so gereuet dichs nicht nach der Tat.
Sirach 33, 24

Halte den Knecht zur Arbeit, so hast du Ruhe vor ihm; lässest du ihn müßig gehen, so will er Junker sein.
Sirach 33, 26

Wer auf Träume hält, der greift nach dem Schatten und will den Wind haschen.
Sirach 34, 2

Wer dem Arbeiter seinen Lohn nicht gibt, der ist ein Bluthund.
Sirach 35, 27

Wer vor seinem Schöpfer sündigt, der muss dem Arzt in die Hände kommen.
Sirach 38, 15

Denn von Trauern kommt der Tod, und des Herzens Traurigkeit schwächt die Kräfte.
Sirach 38, 19

Kinder zeugen und die Stadt bessern, macht ein ewiges Gedächtnis; aber ein ehrlich Weib mehr denn die alle beide.
Sirach 41, 19

Mein Kind, gib dich nicht aufs Betteln; es ist besser sterben denn betteln.
Sirach 41, 29

… ich habe eine kleine Zeit Mühe und Arbeit gehabt, und habe großen Trost gefunden.
Sirach 51, 35

Nun danket alle Gott, der große Dinge tut an allen Enden, der uns vom Mutterleibe an lebendig erhält, und tut uns alles Gute.
Sirach 50, 24

>Dieser Vers führte zu einem der bekanntesten Kirchenlieder.

>Bei Jesus Sirach gibt es Stellen, die sehr abwertend über Frauen sprechen. Wie sind die neueren Übersetzer mit diesen Texten umgegangen? Hier werden drei Passagen der alten Lutherbibel mit den neueren Übersetzungen verglichen.

Wein und Weiber betören die Weisen; und die sich an Huren hängen, werden wild und kriegen Motten und Würmer zu Lohn.
Sirach 19, 2–3

>*Bibel in gerechter Sprache:*
>
>――――――
>
>*Wein und Frauen bringen selbst vernünftige Männer auf Abwege, und wer sich an Prostituierte hängt, wird dreist und frech.*
>
>*Einheitsübersetzung:*
>
>――――――
>
>*Wein und Weiber machen das Herz zügellos; wer sich an Dirnen hängt, wird frech.*

Ich wollte lieber bei Löwen und Drachen wohnen, denn bei einem bösen Weibe.
Sirach 25, 22

Bibel in gerechter Sprache:

Zornesausbrüche, Unverschämtheiten und große Schande bringt es mit sich, wenn eine Ehefrau ihren Mann finanziell unterhält.

Einheitsübersetzung:

Denn harte Knechtschaft und Schande ist es, wenn eine Frau ihren Mann ernährt.

Es ist schwer verständlich, warum in der *Einheitsübersetzung* und der *Bibel in gerechter Sprache* die Finanzen ins Spiel gebracht werden.

Denn gleich wie aus den Kleidern Motten kommen, also kommt von Weibern viel Böses.
Sirach 42, 13

Bibel in gerechter Sprache:

——————

Denn aus Kleidern kommt die Motte heraus, und aus einer Frau die Bosheit einer anderen Frau.

Einheitsübersetzung:

——————

Denn aus dem Kleid kommt die Motte, aus der einen Frau die Schlechtigkeit der anderen.

Warum die „Bosheit einer anderen Frau" und die „Schlechtigkeit der anderen"? Der Luthertext ist treffender.

Das Buch der Weisheit (Die Weisheit Salomos)

In der Weisheit Salomos (Buch der Weisheit) steckt viel Nihilismus. Das Leben erscheint nur als kurzes Aufflackern zwischen Nichts und Wieder-Nichts, das Ewige Leben kommt kaum vor. In Kapitel 2, 1–5 werden diese Gedanken besonders deutlich:

Es ist ein kurz und mühselig Ding um unser Leben, und wenn ein Mensch dahin ist, so ist es gar aus mit ihm; so weiß man keinen nicht, der aus der Hölle wiederkommen sei. Ohngefähr sind wir geboren und fahren wieder dahin, als wären wir nie gewesen. Denn das Schnauben in unserer Nase ist ein Rauch, und unsre Rede ist wie ein Fünklein, das sich aus unsrem Herzen regt …
Und unsers Namens wird mit der Zeit vergessen, dass freilich niemand unsers Tuns gedenken wird. Unser Leben fährt dahin, als wäre eine Wolke da gewesen und zergeht wie ein Nebel … Unsre Zeit ist, wie ein Schatten dahin fährt, und wenn wir weg sind, ist kein Wiederkehren –, denn es ist fest versiegelt, dass niemand wiederkommt.
Weisheit Salomos 2, 1–5

… denn der Mund, so da lüget, tötet die Seele.
Weisheit Salomos 1, 11

Die *Lutherbibel 2017* ersetzt „tötet die Seele" durch „bringt sich den Tod".

Wohl her nun und lasst uns wohl leben, weil es da ist, und unsres Leibes brauchen, weil er jung ist. Wir wollen uns mit dem besten Wein und Salben füllen; lasst uns die Maienblumen nicht versäumen. Lasst uns Kränze tragen von jungen Rosen, ehe sie welk werden.
Weisheit Salomos 2, 6–8

Denn Gott hat den Menschen geschaffen zum ewigen Leben, und hat ihn gemacht zum Bilde, dass er gleich sein soll, wie er ist. Aber durch des Teufels Neid ist der Tod in die Welt kommen.
Weisheit Salomos 2, 23–24

>   Des Teufels Neid? Ein ungewöhnlicher Gedanke. Hatte Gott nicht die Macht, dem Teufel zu wehren?

Denn die Gerechtigkeit ist unsterblich.
Weisheit Salomos 1, 15

Denn gute Arbeit gibt herrlichen Lohn, und die Wurzel des Verstandes verfault nicht.
Weisheit Salomos 3, 15

Denn die Weisheit ist schön und unvergänglich und lässt sich gern sehen von denen, die sie lieb haben, und lässt sich finden von denen, die sie suchen.
Weisheit Salomos 6, 13

Sie halten auch das menschliche Leben für einen Scherz und menschlichen Wandel für einen Jahrmarkt; geben vor, man müsse allenthalben Gewinnst suchen, auch durch böse Stücke.
Weisheit Salomos 15, 12

Denn es heilte sie weder Kraut noch Pflaster, sondern dein Wort, Herr, welches alles heilt.
Weisheit Salomos 16, 12

Das erste Buch der Makkabäer

Die Bücher der Makkabäer sind mit Recht nicht der Heiligen Schrift zugeordnet, aber dennoch gut zu lesen. Sie schildern Schlachten und Belagerungen im jüdischen Land in vorchristlicher Zeit und sind eine Abfolge von Grausamkeiten. Die Spartaner kommen darin vor, eine Schiffsreise nach Rom wird geschildert zwecks Aushandlung eines Bündnisvertrages zwischen Juden und Römern. Über Athen heißt es: „So frei wie die Bürger von Athen." Die Insel Zypern wird erwähnt, auch Spanien und natürlich Ägypten kommen vor.

Schließlich erfahren wir, wie die Juden „brennendes Wasser" (Petroleum) fanden. Eine Pfingstwoche feierten sie schon in vorchristlicher Zeit. Die Auferstehung von den Toten spielte in den Makkabäer-Büchern eine große Rolle; sie wurde den in den Schlachten gefallenen Kriegern versprochen.

Heute schwebt er empor, morgen liegt er darnieder, und ist nichts mehr, so er wieder zur Erde worden ist ...
Makkabäer 1: 2, 63

Denn der Sieg kommt vom Himmel, und wird nicht durch große Menge erlanget.
Makkabäer 1: 3, 19

Gott gebe den Römern und den Juden Glück und Frieden zu Lande und zu Wasser, und behüte sie vor Krieg und Feinden ewiglich.
Makkabäer 1: 8, 23

Das zweite Buch der Makkabäer

Da würgte man durch einander jung und alt, Mann und Weib, Kinder und Jungfrauen, ja, auch die Kinder in der Wiege. Dass also in dreien Tagen achtzigtausend umkamen, vierzigtausend gefangen und bei achtzigtausend verkauft wurden.
Makkabäer 2: 5, 13–14

Nach der Eroberung Jerusalems durch die Ägypter schlugen sich die Heiden auf die Seite der Eroberer:

… und hofften, der Juden Unglück sollte ihr Glück sein.
Makkabäer 2: 14, 14

Und hätte ich es lieblich gemacht, das wollte ich gerne. Ist es aber gering, so habe ich doch getan, soviel ich vermocht. Denn allzeit Wein oder Wasser trinken, ist nicht lustig, sondern zuweilen Wein, zuweilen Wasser trinken, das ist lustig; also ist es auch lustig, so man mancherlei lieset. Das sei das Ende.
Makkabäer 2: 15, 39–40

> Schlusswort des Erzählers der Makkabäer-Geschichten, zugleich eine Entschuldigung für mögliche Unzulänglichkeiten der Schrift.
>
> Derartige Schlussworte kommen selten vor, dieses ist auch sprachlich gelungen. Umso bedauerlicher, dass die *Lutherbibel 2017* den sprachlichen Glanz mindert:

Und wenn es gut gelungen und geschickt geordnet ist, so war das meine Absicht. Ist's aber zu schlicht und einfach geraten, so habe ich doch getan, soviel ich vermochte. Denn immer nur Wein oder nur Wasser trinken, wird einem zuwider. Wenn aber Wein mit Wasser vermischt erst wirklich Freude macht, so erfreut die Art, wie man die Worte setzt, die Ohren derer, die die Geschichte hören. Damit bin ich am Ende angelangt.

Folgende Doppelseite:
Giorgio Vasari (1511–1578): *The Last Supper (Das Abendmahl)*, Öl auf Leinwand, 32,2 x 80,2 cm. Walters Art Museum, Baltimore, Maryland

Das Neue Testament

Die Evangelien

Mit dem Neuen Testament verabschiedet sich die Bibel von der jüdischen Religion und konvertiert zum Christentum. Die Evangelien der Apostel Matthäus, Markus, Lukas und Johannes, zusammen mit den Paulusbriefen, bilden den Kern der christlichen Lehre. Die vier Evangelisten gehörten zu den zwölf Jüngern Jesu, die ihn auf seinem Lebensweg bis zur Hinrichtung auf Golgatha begleiteten. Später schrieben sie aus dem Gedächtnis auf, was von den Worten und Taten Jesu in Erinnerung geblieben war.
Einige Schilderungen wiederholen sich in den Evangelien, allerdings mit unterschiedlicher Wortwahl. Eine Fülle von Spruchweisheiten in poetischen Bildern kommt aus diesen Büchern.
Reichtum und Armut sind die großen Gegensätze des Neuen Testaments. Die Reichen sind des Teufels, die Armen werden der christlichen Nächstenliebe anempfohlen. Das Wort von der „sozialen Gerechtigkeit" führt zu den Anfängen des Christentums in den Evangelien.

Rembrandt van Rijn (1606–1669): *Der Evangelist Matthäus und der Engel* (1661), Öl auf Leinwand, 96 x 81 cm. Musée du Louvre, Paris

Das Evangelium nach Matthäus

Das Evangelium nach Matthäus, zumeist als Matthäusevangelium bezeichnet, ist das erste der vier kanonischen Evangelien des Neuen Testaments der christlichen Bibel.
Aufgrund vieler Parallelen mit dem Markus- und dem Lukasevangelium werden diese drei Evangelien die synoptischen Evangelien genannt.
Ein Mensch mit Flügeln dient als eine Symbolfigur für den Evangelisten Matthäus.

Es ist schon die Axt den Bäumen an die Wurzel gelegt. Darum welcher Baum nicht gute Frucht bringet, wird abgehauen und ins Feuer geworfen.
Matthäus 3, 10

Der Mensch lebt nicht vom Brot allein ...
Matthäus 4, 4

Das Volk, das in Finsternis saß, hat ein großes Licht gesehen, und die da saßen am Ort und Schatten des Todes, denen ist ein Licht aufgegangen.
Matthäus 4, 16

... ich will euch zu Menschenfischern machen.
Matthäus 4, 19

Und er hat seine Wurfschaufel in seiner Hand, er wird seine Tenne fegen und den Weizen in seine Scheune sammeln, aber die Spreu wird er verbrennen mit ewigen Feuern.
Matthäus 3, 12

Diese Aussage von Johannes dem Täufer über den kommenden Jesus wird in der *Lutherbibel 2017* verändert. Das Bild vom „Tennefegen" fehlt gänzlich, dafür wurde hinzugefügt „die Spreu vom Weizen trennen".

Auch die *Bibel in gerechter Sprache* ändert den Text. Statt „Tennefegen" schreibt sie „Tenne gründlich reinigen". Und das „Weizen-in-seine-Scheune-sammeln" wird zum „Getreide-in-der-Scheune-aufhäufen". Weizen ist der speziellere Ausdruck und damit sprachlich besser als das allgemeine „Getreide".

Die Bergpredigt, wie sie bei Matthäus, Kapitel 5 folgende, beschrieben wird, ist eine Art Grundgesetz der christlichen Religion. Ihre Wirkung beruht auch auf einer ungewöhnlichen Sprache mit einer Fülle von Spruchweisheiten, die zu geflügelten Worten geworden sind:

An ihren Früchten sollt ihr sie erkennen ... Richtet nicht, auf dass ihr nicht gerichtet werdet ... Der kluge Mann, der sein Haus auf einem Felsen gründete und der törichte Mann, der sein Haus auf Sand baute ... Ihr seid das Salz der Erde ... Ihr seid das Licht der Welt ... Perlen vor die Säue werfen.

Dazu gehören auch die Seligpreisungen (Vers 3–12), u. a. „Selig sind die Sanftmütigen, denn sie werden das Erdreich besitzen" und „Liebet eure Feinde" (Vers 44).
In der Bergpredigt verabschiedet sich die christliche Religion vom grimmigen, rachsüchtigen Gott des Alten Testaments und wendet sich dem „lieben Gott" zu. Hier treffen sich auch Christentum und Sozialismus. Die Verneinung jeder Vorsorge für Nahrung und Kleidung, wie sie in der Bergpredigt gepredigt wird, ließ die ersten Christen zu Blumenkindern werden. Vermutlich ist diese weltfremde Blumenkindersicht nur damit zu erklären, dass Jesus glaubte, der jüngste Tag stehe unmittelbar bevor, sodass eine Vorsorge nicht nötig sei.

Für seine Anhänger war es eine faszinierende Botschaft: Ein Leben ohne Mühe und Arbeit nur durch den Glauben, wie die „Lilien auf dem Felde". Der Protestantismus hat diese Blumenkinderhaltung durch einen Arbeitsethos überwunden und das „Bete-und-arbeite" in den Mittelpunkt des Lebens gestellt. Damit begann der wirtschaftliche Aufstieg der christlich-protestantischen Länder.

Eure Rede aber sei: Ja, ja; nein, nein. Was darüber ist, das ist vom Übel.
Matthäus 5, 37

Wenn du aber Almosen gibst, so lass deine linke Hand nicht wissen, was die rechte tut.
Matthäus 6, 3

Ihr sollt euch nicht Schätze sammeln auf Erden, da sie die Motten und der Rost fressen ...
Matthäus 6, 19

Denn wo euer Schatz ist, da ist auch euer Herz.
Matthäus 6, 21

Niemand kann zween Herren dienen ...
Matthäus 6, 24

Sehet die Vögel unter dem Himmel an; sie säen nicht, sie ernten nicht, sie sammeln nicht in die Scheunen, und euer himmlischer Vater nähret sie doch.
Matthäus 6, 26

Schauet die Lilien auf dem Feld, wie sie wachsen; sie arbeiten nicht, auch spinnen sie nicht. Ich sage euch, dass auch Salomo in aller seiner Herrlichkeit nicht bekleidet gewesen ist, als derselben eins.
Matthäus 6, 28–29

Darum sorget nicht für den andern Morgen, denn der morgende Tag wird für das Seine sorgen. Es ist genug, dass ein jeglicher Tag seine eigene Plage habe.
Matthäus 6, 34

Was siehest du aber den Splitter in deines Bruders Auge und wirst nicht gewahr des Balkens in deinem Auge?
Matthäus 7, 3

Ihr sollt das Heiligtum nicht den Hunden geben und eure Perlen sollt ihr nicht vor die Säue werfen …
Matthäus 7, 6

Sehet euch vor vor den falschen Propheten, die in Schafskleidern zu euch kommen, inwendig aber sind sie reißende Wölfe.
Matthäus 7, 15

Die Ernte ist groß, aber wenig sind der Arbeiter. Darum bittet den Herrn der Ernte, dass er Arbeiter in seine Ernte sende.
Matthäus 9, 37–38

Und des Menschen Feinde werden seine eigenen Hausgenossen sein.
Matthäus 10, 36

Wer Vater oder Mutter mehr liebt denn mich, der ist mein nicht wert. Und wer Sohn oder Tochter mehr liebt denn mich, der ist mein nicht wert.
Matthäus 10, 37

Kommet her zu mir alle, die ihr mühselig und beladen seid, ich will euch erquicken. Nehmet auf euch mein Joch und lernet von mir, denn ich bin sanftmütig und von Herzen demütig, so werdet ihr Ruhe finden für eure Seelen. Denn mein Joch ist sanft und meine Last ist leicht.
Matthäus 11, 28–30

Wer nicht mit mir ist, der ist wider mich; und wer nicht mit mir sammelt, der zerstreuet.
Matthäus 12, 30

Wes das Herz voll ist, des gehet der Mund über.
Matthäus 12, 34

Denn wer da hat, dem wird gegeben, dass er die Fülle habe; wer aber nicht hat, von dem wird auch genommen, das er hat.
Matthäus 13, 12

Ein Prophet gilt nirgends weniger, als in seinem Vaterlande und in seinem Hause.
Matthäus 13, 57

Wenn aber ein Blinder den anderen leitet, so fallen sie beide in die Grube.
Matthäus 15, 14

Was hülfe es dem Menschen, so er die ganze Welt gewönne und nähme doch Schaden an seiner Seele?
Matthäus 16, 26

Denn wo zween oder drei versammelt sind in meinem Namen, da bin ich mitten unter ihnen.
Matthäus 18, 20

Was nun Gott zusammengefügt hat, das soll der Mensch nicht scheiden.
Matthäus 19, 6

Wahrlich, ich sage euch: Ein Reicher wird schwerlich in das Himmelreich kommen … Es ist leichter, dass ein Kamel durch ein Nadelöhr gehe, denn das ein Reicher ins Reich Gottes komme.
Matthäus 19, 23–24

Also werden die Letzten die Ersten und die Ersten die Letzten sein. Denn viele sind berufen, aber wenige sind auserwählt.
Matthäus 20, 16

So gebet dem Kaiser, was des Kaisers ist, und Gott, was Gottes ist.
Matthäus 22, 21

Denn wer sich selbst erhöhet, der wird erniedriget, und wer sich selbst erniedriget, der wird erhöhet.
Matthäus 23, 12

Bittet aber, dass eure Flucht nicht geschehe im Winter oder am Sabbat.
Matthäus 24, 20

Himmel und Erde werden vergehen, aber meine Worte werden nicht vergehen.
Matthäus 24, 35

Der Geist ist willig, aber das Fleisch ist schwach.
Matthäus 26, 41

... wer das Schwert nimmt, der soll durchs Schwert umkommen.
Matthäus 26, 52

Ich bin bei euch alle Tage bis an der Welt Ende.
Matthäus 28, 20

Zahlreiche Sätze des predigenden Jesus, die in den Evangelien überliefert sind, kommen uns heute sonderbar vor. Als ein Mann zu Jesus kam und sagte, er wolle ihm gerne nachfolgen, bitte aber darum, vorher seinen Vater begraben zu dürfen, erhielt er zur Antwort: „Lass die Toten ihre Toten begraben und folge mir nach." Das mag als Poesie gut sein, ist in der inhaltlichen Aussage aber wenig christlich (Matthäus 8, 22).

Im Alten Testament geht diese Geschichte noch anders, christlicher, aus: Ein Mann pflügte seinen Acker, als der Prophet Elia vorüberging. Der Mann lief ihm nach und rief: Lass mich meinen Vater und meine Mutter küssen, so will ich dir nachfolgen. Darauf Elia: Gehe hin und komme wieder, denn ich habe etwas mit dir zu tun (Buch der Könige 1: 19, 20). Vermutlich ist der ungewöhnliche Jesus-Satz nur wegen seiner sprachlichen Wirkung in das Matthäus-Evangelium gekommen. Für die Sache des Christentums ist er eher schädlich, die *Lutherbibel 2017* hätte ihn eliminieren sollen.

Ähnliches gilt für das Wort: „Wer Vater oder Mutter mehr liebt, denn mich, der ist mein nicht wert", (Matthäus 10, 37), ein Satz, der uns heute anmaßend vorkommt. In den Evangelien kommen häufiger Aussagen vor, die die Liebe zu Vater und Mutter kleinreden, damit mehr Liebe für Gott und seinen Sohn bleibt. Als die Mutter Jesu mit seinen Brüdern bei ihm anklopfte, um mit ihm zu reden, weigerte er sich, mit ihnen zu sprechen. „Wer ist meine Mutter? Und wer sind meine Brüder?" (Matthäus 12, 46–50).

Auf der Hochzeit zu Kana war auch seine Mutter anwesend. Sie sprach Jesus an, weil es an Wein fehlte. Darauf er: „Weib, was habe ich mit dir zu schaffen?" (Johannes 2, 4)
Denkbar ist es, dass die Evangelisten diese Ablehnung von Vater und Mutter in die Schrift eingebracht haben. Sie wollten die Zuneigung des Herrn für sich allein haben und nicht mit Mutter und Brüdern teilen.
Schließlich die Geschichte von dem Feigenbaum (Matthäus 21, 19): Jesus sah den Baum am Wege, wollte eine Frucht essen, ging hin, fand aber nur Blätter. Voller Ärger rief er: „Nun wachse auf dir hinfort nimmermehr eine Frucht. Und der Feigenbaum verdorrte alsbald." Wie kann sich der Sohn Gottes so in seinem Zorn gehen lassen?
Es bleibt die Frage, warum die Evangelisten diese Äußerungen überhaupt überliefert haben. Erkannten sie nicht, wie schädlich sie für die christliche Idee waren? Oder wollten sie die Ausnahmestellung des Herrn hervorheben, dem es auch erlaubt sein sollte, Böses, Unchristliches zu sagen? Im Alten Testament kommen ähnliche übertriebene Strafaktionen vor.

Der Prophet Elisa ging auf der Straße, da kamen kleine Knaben zur Stadt heraus, spotteten und sprachen zu ihm: Kahlkopf, komm herauf! Kahlkopf, komm herauf! Und er wandte sich um, und da er sie sah, fluchte er ihnen im Namen des Herrn. Da kamen zwei Bären aus dem Walde und zerrissen der Kinder zweiundvierzig.
Könige 2: 2, 23–24

Das Evangelium nach Markus

Das Evangelium nach Markus (auch Markusevangelium) ist das zweite Buch des Neuen Testaments in der christlichen Bibel. Es ist nach historisch-kritischer Mehrheitsmeinung das älteste Evangelium. Gemäß der sogenannten Zweiquellentheorie diente es neben einer Sammlung von Aussprüchen Jesu (Logienquelle) als schriftliche Vorlage für das Matthäus- und das Lukasevangelium. Das Symbol für Markus ist der Löwe.

Es ist eine Stimme eines Predigers in der Wüste: Bereitet den Weg des Herrn, machet seine Steige richtig.
Markus 1, 3

… nimm dein Bett und gehe heim.
Markus 2, 11

... es ist nicht fein, dass man der Kinder Brot nehme und werfe es vor die Hunde ... Ja, Herr, aber doch essen die Hündlein unter dem Tisch von den Brosamen der Kinder.
Markus 7, 27–28

... alle Dinge sind möglich dem, der da glaubet.
Markus 9, 23

Wer nicht wider uns ist, der ist für uns.
Markus 9, 40

Lasset die Kindlein zu mir kommen und wehret ihnen nicht, denn solcher ist das Reich Gottes.
Markus 10, 14

Sehet euch vor vor den Schriftgelehrten, die in langen Kleidern gehen und lassen sich gerne auf dem Markt grüßen. Und sitzen gern obenan in den Schulen und über Tische im Abendmahl. Sie fressen der Witwen Häuser, und wenden langes Gebet vor.
Markus 12, 38–40

Darum wird der Mensch seinen Vater und Mutter lassen, und wird seinem Weibe anhangen. Und werden sein die zwei ein Fleisch ... Was denn Gott zusammengefügt hat, soll der Mensch nicht scheiden.
Markus 10, 7–9

Den Übersetzern der *Bibel in gerechter Sprache* gefiel der Halbsatz „und wird seinem Weibe anhangen" nicht so sehr, obwohl das Sich-an-eine-Frau-hängen eine Aufwertung der Frau bedeutet. Die *Bibel in gerechter Sprache* schreibt:

Deshalb wird ein Mensch Vater und Mutter verlassen, wird ein Mann sich mit seiner Frau verbinden und eine Frau sich mit ihrem Mann.

Damit ist die Gleichberechtigung hergestellt – auf Kosten des sprachlichen Wohlklangs.

... Gehe hin, verkaufe alles, was du hast und gib es den Armen, so wirst du einen Schatz im Himmel haben, und komm, folge mir nach und nimm das Kreuz auf dich.
Markus 10, 21

Die *Lutherbibel 2017* streicht den letzten Halbsatz „... und nimm das Kreuz auf dich". Damit macht sie die Nachfolge Jesu etwas leichter und fröhlicher. Auch die *Bibel in gerechter Sprache* und die *Einheitsübersetzung* verzichten auf das Kreuz.

Das Evangelium nach Lukas

Das Evangelium nach Lukas, zumeist als Lukasevangelium bezeichnet, ist das dritte Buch des Neuen Testaments in der christlichen Bibel. Es behandelt das Leben Jesu von dessen Geburt bis zur Himmelfahrt. Der Stier gilt als Attribut des Evangelisten Lukas.

Auf dass er erscheine denen, die da sitzen in Finsternis und Schatten des Todes und richte unsre Füße auf den Weg des Friedens.
Lukas 1, 79

In desselben Hand ist die Wurfschaufel, und er wird seine Tenne fegen, und wird den Weizen in seine Scheuer sammeln, und die Spreu wird er mit ewigem Feuer verbrennen.
Lukas 3, 17

… denn von nun an wirst du Menschen fangen.
Lukas 5, 10

Die Gesunden bedürfen des Arztes nicht, sondern die Kranken.
Lukas 5, 31

Liebet eure Feinde, tut denen wohl, die euch hassen ...
Segnet die, so euch verfluchen, bittet für die, so euch beleidigen ...
Und wer dich schlägt auf einen Backen, dem biete den anderen auch dar, und wer dir den Mantel nimmt, dem wehre nicht auch den Rock ... Wer dich bittet, dem gib, und wer dir das Deine nimmt, da fordere es nicht wieder ... Und wie ihr wollt, dass euch die Leute tun sollen, also tut ihnen gleich auch ihr.
Lukas 6, 27–31

Dieser Text aus dem Lukasevangelium ist ähnlich wie die Bergpredigt ein schwer zu erfüllendes Gebot. Der von Gott geschaffene Mensch ist anders geartet. Über den geforderten selbstlosen Taten steht immer auch die Frage: Was geschieht mit den Freunden, wenn wir die Feinde lieben? Wenn Gute und Schlechte gleich behandelt werden, ist es sinnlos, gut zu sein. Die *Einheitsübersetzung* wechselt einige Worte aus. Statt „beleidigen" wie im Luthertext sagt sie „misshandeln", statt „Rock" „Hemd". Mark Twain meinte: Ehe man anfängt, seine Feinde zu lieben, sollte man seine Freunde besser behandeln.

Richtet nicht, so werdet ihr auch nicht gerichtet. Verdammet nicht, so werdet ihr auch nicht verdammt. Vergebet, so wird euch vergeben. Gebet, so wird euch gegeben.
Lukas 6, 37–38

Was siehest du aber einen Splitter in deines Bruders Auge, und des Balkens in deinem Auge wirst du nicht gewahr?
Lukas 6, 41

Denn wes das Herz voll ist, des gehet der Mund über.
Lukas 6, 45

Denn wer da hat, dem wird gegeben, wer aber nicht hat, von dem wird genommen, auch das er meinet zu haben.
Lukas 8, 18

Und was Nutzen hätte der Mensch, ob er die ganze Welt gewönne und verlöre sich selbst oder beschädigte sich selbst.
Lukas 9, 25

Bittet, so wird euch gegeben, suchet, so werdet ihr finden, klopfet an, so wird euch aufgetan.
Lukas 11, 9

Wer nicht mit mir ist, der ist wider mich, und wer nicht mit mir sammelt, der zerstreuet.
Lukas 11, 23

Fürchtet euch nicht vor denen, die den Leib töten und darnach nichts mehr tun können.
Lukas 12, 4

Denn wo euer Schatz ist, da wird auch euer Herz sein.
Lukas 12, 34

Denn wer sich selbst erhöhet, der soll erniedrigt werden, und wer sich selbst erniedrigt, der soll erhöhet werden.
Lukas 14, 11

Was suchet ihr den Lebendigen bei den Toten?
Lukas 24, 5

Bleibe bei uns, denn es will Abend werden, und der Tag hat sich geneiget …
Lukas 24, 29

Das Evangelium nach Johannes

Das Evangelium nach Johannes, zumeist als Johannesevangelium bezeichnet, ist das vierte Buch des Neuen Testaments der Bibel. Als eines der vier kanonischen Evangelien ist es zentral für den christlichen Glauben. Im Vergleich mit den anderen drei Evangelien wirkt es in Darstellung und Theologie sehr eigenständig.
Der Adler dient als Symbol und Attribut für den Evangelisten Johannes.
Er gilt als der Apostel der Liebe. In seinem Evangelium und seinen Briefen kommt häufig die Liebe vor; das Hohelied der Liebe befindet sich allerdings im Paulusbrief an die Korinther.

Im Anfang war das Wort, und das Wort war bei Gott, und Gott war das Wort.
Johannes 1, 1

Das ist das Hohelied des „Wortes". Luther ließ sich bei der Bibelübersetzung und der Reformation von diesem Text leiten, ihm war das „Wort" der Mittelpunkt seines Glaubens. Die *Bibel in gerechter Sprache* ersetzt das „Wort" durch „Weisheit", ein sprachlicher Rückschritt.

Und das Wort ward Fleisch und wohnete unter uns, und wir sahen seine Herrlichkeit ...
Johannes 1, 14

> Die *Bibel in gerechter Sprache* schreibt:
>
> *Und die Weisheit wurde Materie und wohnte unter uns, und wir sahen ihren Glanz ...*
>
> Das Fremdwort „Materie" ist unangebracht. Wenn man schon das Wort „Fleisch" vermeiden wollte, hätte man z. B. „lebendiges Wesen" übersetzen sollen.

Der Wind bläset, wo er will, und du hörest sein Sausen wohl, aber du weißt nicht, von wannen er kommt und wohin er fährt.
Johannes 3, 8

Also hat Gott die Welt geliebet, dass er seinen eingeborenen Sohn gab, auf dass alle, die an ihn glauben, nicht verloren werden, sondern das ewige Leben haben.
Johannes 3, 16

Ich bin das Brot des Lebens. Wer zu mir kommt, den wird nicht hungern, und wer an mich glaubt, den wird nimmermehr dürsten.
Johannes 6, 35

Ich bin das Licht der Welt, wer mir nachfolget, der wird nicht wandeln in der Finsternis, sondern wird das Licht des Lebens haben.
Johannes 8, 12

Ich bin die Auferstehung und das Leben, wer an mich glaubt, der wird leben, ob er gleich stürbe.
Johannes 11, 25

In meines Vaters Hause sind viele Wohnungen.
Johannes 14, 2

Ich bin der Weg und die Wahrheit und das Leben; niemand kommt zum Vater denn durch mich.
Johannes 14, 6

Den Frieden lasse ich euch, meinen Frieden gebe ich euch ...
Johannes 14, 27

Niemand hat größere Liebe denn die, dass er sein Leben lässet für seine Freunde.
Johannes 15, 13

In der Welt habt ihr Angst; aber seid getrost, ich habe die Welt überwunden.
Johannes 16, 33

Inhaltlich und sprachlich ist das einer der großen Texte der Heiligen Schrift.

Diese sprachliche Größe hat die *Bibel in gerechter Sprache* verwässert, indem sie schreibt:

In der Welt leidet ihr Qualen, aber seid zuversichtlich, ich habe die Welt besiegt.

Auch die *Einheitsübersetzung* musste es umformulieren:

In der Welt seid ihr in Bedrängnis, aber habt Mut: Ich habe die Welt besiegt.

Was ist Wahrheit?
Johannes 18, 38

> Nach Nietzsche hat das Pilatus-Wort „Was ist Wahrheit?", das er vor der Kreuzigung an Jesus gerichtet hat, das Neue Testament mit dem einzigen Satz bereichert, der Wert hat.

Was ich geschrieben habe, das habe ich geschrieben.
Johannes 19, 22

Selig sind, die nicht sehen und doch glauben.
Johannes 20, 29

Die Apostelgeschichte

Die Apostelgeschichte des Lukas bildet den zweiten Teil des sogenannten lukanischen Doppelwerkes, indem es an das Lukasevangelium anschließt. Behandelt wird die Gründung der Kirche und die Verbreitung des Christentums. Sie wird dem Evangelisten Lukas zugeschrieben.
Während in den Evangelien die Zeit bis Jesu Tod beschrieben wird, behandelt die Apostelgeschichte die Zeit danach.

Das ist der Stein, von euch Bauleuten verworfen, der zum Eckstein worden ist.
Apostelgeschichte 4, 11

Man muss Gott mehr gehorchen, denn den Menschen.
Apostelgeschichte 5, 29

Geben ist seliger denn nehmen.
Apostelgeschichte 20, 35

Mit den Ohren werdet ihr es hören und nicht verstehen, und mit den Augen werdet ihr es sehen und nicht erkennen.
Apostelgeschichte 28, 26

Jesus und seine Apostel (anonym), Fresko. Kappadokien, Anatolien/Türkei

Die Paulinischen Briefe

Der Apostel Paulus gehörte nicht zu den zwölf Jüngern Jesu. In jungen Jahren verfolgte er, damals noch als Saulus, die Christen, bis er auf dem Weg nach Damaskus bekehrt wurde. Aus einer lichten Wolke ertönte die Stimme Jesu, die ihn fragte, warum er ihn verfolge. Er verlor sein Sehvermögen, ließ sich in Damaskus taufen und wurde wieder sehend. Daraus ist die bekannte Redewendung „Vom Saulus zum Paulus werden" entstanden. Paulus hat am tatkräftigsten zur Verbreitung des Christentums beigetragen. Seine Briefe, die er an die Gemeinden in Kleinasien und Südeuropa schrieb, waren Missionsbriefe.

Der Brief an die Römer

Die Paulinischen Briefe, in der Zeit nach Christi geschrieben, sind Zeugnisse der missionarischen Ausbreitung des Christentums in den Ländern des Mittelmeerraums. Erwähnt wird ein Brief der Gemeinde in Italien an die Ebräer, „geschrieben aus Italien durch Timotheus". Die Briefe enthalten, ähnlich wie die Evangelien, zahlreiche Spruchweisheiten in poetischer Form.

Unbekannter Künstler. *Paulus von Tarsus*, Öl auf Holz (Detail), entstanden im 15. Jahrhundert in der Lombardei

... sie sind allzumal Sünder und mangeln des Ruhms, den sie an Gott haben sollten.
Römerbrief 3, 23

... das Gesetz richtet nur Zorn an, denn wo das Gesetz nicht ist, da ist auch keine Übertretung.
Römerbrief 4, 15

Wollen habe ich wohl, aber Vollbringen das Gute finde ich nicht.
Römerbrief 7, 18

>Die *Lutherbibel 2017* sagt:
>
>*Wollen habe ich wohl, aber das Gute vollbringen kann ich nicht.*
>
>Die *Bibel in gerechter Sprache* übersetzt diesen Satz so:
>
>*Der Wille, das Heilbringende zu tun, ist da; aber bewirken kann ich es nicht.*
>
>Die *Einheitsübersetzung* schreibt:
>
>*... das Wollen ist bei mir vorhanden, aber ich vermag das Gute nicht zu verwirklichen.*

Wir wissen aber, dass denen, die Gott lieben, alle Dinge zum Besten dienen, die nach dem Vorsatz berufen sind.
Römerbrief 8, 28

> Der letzte Halbsatz ist sprachlich dürftig, die Verwendung des Wortes „Vorsatz" bringt den Text in die Nähe der Kriminalistensprache.
>
> In der *Einheitsübersetzung* heißt es:

Wir wissen, dass Gott bei denen, die ihn lieben, alles zum Guten führt, bei denen, die nach seinem ewigen Plan berufen sind.

> Die vielen Nebensätze nehmen dem Text die sprachliche Kraft, zweimal „bei denen" klingt nicht gut.

Wie lieblich sind die Füße derer, die den Frieden verkündigen, die das Gute verkündigen.
Römerbrief 10, 15

> Die *Lutherbibel 2017* unterschlägt den „Frieden", indem sie schreibt:

Wie lieblich sind die Füße der Freudenboten, die das Gute verkündigen.

Seid fröhlich in Hoffnung, geduldig in Trübsal, haltet an am Gebet.
Römerbrief 12, 12

> Dieser sprachlich große Satz wird von der *Bibel in gerechter Sprache* verwässert:
>
> *Freut euch, weil ihr Hoffnung habt. Haltet durch, wenn ihr in Not seid, und hört nicht auf zu beten.*

Ist Gott für uns, wer mag wider uns sein.
Römerbrief 8, 31

Lass dich nicht durch das Böse überwinden, sondern überwinde das Böse mit Gutem.
Römerbrief 12, 21

Leben wir, so leben wir dem Herrn; sterben wir, so sterben wir dem Herrn. Darum wir leben oder sterben, so sind wir des Herrn.
Römerbrief 14, 8

Der erste Brief an die Korinther

Der erste Brief des Paulus an die Korinther (oder erster Korintherbrief) ist ein Buch des Neuen Testaments der christlichen Bibel. Paulus behandelt darin eine Reihe von Fragen und Streitpunkten der Gemeinde in Korinth. Empfänger ist die christliche Gemeinde in der griechischen Hafenstadt Korinth.

Nun sucht man nicht mehr an den Haushältern, denn dass sie treu erfunden werden.
Korinther 1: 4, 2

Die *Lutherbibel 2017* sagt es klarer:

Nun fordert man nicht mehr von den Haushältern, als dass sie treu befunden werden.

... es ist besser freien, denn Brunst leiden.
Korinther 1: 7, 9

Hier hat die *Einheitsübersetzung* den besseren Text gefunden:

Es ist besser zu heiraten, als sich in Begierde zu verzehren.

Die *Bibel in gerechter Sprache* bringt dagegen ein falsches Bild:

Es ist besser zu heiraten, denn zu brennen.

Der Apostel Paulus war unverheiratet und scheute sich nicht, in seinen Briefen die Ehe als zweitbeste Form des Zusammenlebens zu bezeichnen.

... welcher verheiratet, der tut wohl, welcher aber nicht verheiratet, der tut besser.
Korinther 1: 7, 38

Lutherbibel 2017:

Also, wer seine Jungfrau heiratet, der handelt gut, wer sie aber nicht heiratet, der handelt besser.

Ihr seid teuer erkauft; werdet nicht der Menschen Knechte.
Korinther 1: 7, 23

Lasst alles ehrlich und ordentlich zugehen.
Korinther 1: 14, 40

... lasst uns essen und trinken, denn morgen sind wir tot.
Korinther 1: 15, 32

Der Tod ist verschlungen in den Sieg. Tod, wo ist dein Stachel? Hölle, wo ist dein Sieg?
Korinther 1: 15, 55

> Die *Lutherbibel 2017* hat das Wort „Hölle" gestrichen:
>
> *Der Tod ist verschlungen in den Sieg. Tod, wo ist dein Sieg? Tod wo ist dein Stachel?*

Der zweite Brief an die Korinther

Der zweite Brief des Paulus an die Korinther (oder zweiter Korintherbrief) ist an die christliche Gemeinde in der griechischen Hafenstadt Korinth und die Gemeinden in Achaea gerichtet, denn dort war das Heimischwerden des christlichen Glaubens in einer heidnischen Kultur mit vielen Problemen verbunden.

Denn was sichtbar ist, das ist zeitlich; aber was unsichtbar ist, das ist ewig.
Korinther 2: 4, 18

... einen fröhlichen Geber hat Gott lieb.
Korinther 2: 9, 7

... denn meine Kraft ist in den Schwachen mächtig.
Korinther 2: 12, 9

Der Brief an die Galater

Der Brief des Paulus an die Galater (eigentlich Brief des Paulus an die Gemeinden in Galatien, kurz: Galaterbrief) gilt in der modernen Bibelwissenschaft in Übereinstimmung mit der Tradition als gesichert. Der Apostel Paulus von Tarsus ist der Autor. Der Brief ist eine ausgezeichnete autobiografische Quelle, da Paulus hier über die wichtigsten Stationen auf seinem Weg als Christ berichtet.

Einer trage des andern Last, so werdet ihr das Gesetz Christi erfüllen.
Galater 6, 2

So aber sich jemand lässt dünken, er sei etwas, so er doch nichts ist, der betrügt sich selbst.
Galater 6, 3

Der Brief an die Epheser

Das biblische Buch weist sich als Rundschreiben des Paulus aus seiner ersten Gefangenschaft in Rom an die Gemeinde in Ephesus aus. Paulus war drei Jahre in Ephesus gewesen und Gründer der dortigen christlichen Gemeinde.

... lasst die Sonne nicht über eurem Zorn untergehen.
Epheser 4, 26

Wer gestohlen hat, der stehle nicht mehr, sondern arbeite und schaffe mit den Händen etwas Gutes ...
Epheser 4, 28

Wer sein Weib liebet, der liebet sich selbst.
Epheser 5, 28

Der Brief an die Philipper

Der Brief des Paulus an die Philipper ist ein Buch des Neuen Testaments. Die Antike makedonische Stadt, heute Philippi genannt, hieß zur Zeit des Paulus Colonia Augusta Iulia Philippensis.
Paulus gründete in Philippi die erste christliche Gemeinde auf europäischem Boden.

Denn Christus ist mein Leben, und Sterben ist mein Gewinn.
Philipper 1, 21

Und der Friede Gottes, welcher höher ist denn alle Vernunft, bewahre eure Herzen und Sinne in Christo Jesu.
Philipper 4, 7

Der zweite Brief an die Thessalonicher

Der zweite Brief des Paulus an die Thessalonicher ist ein Buch des Neuen Testaments. Sein Hauptthema ist die Endzeit. Als Absender werden am Briefbeginn Paulus, Silvanus und Timotheus genannt.

... so jemand nicht will arbeiten, der soll auch nicht essen.
Thessalonicher 2: 3, 10

Die Pastoralbriefe

Die Paulusbriefe waren an christliche Gemeinden in Kleinasien und Südeuropa gerichtet, drei jedoch an Einzelpersonen, die Pastorendienste in den Gemeinden leisteten (Titus, 1. und 2. Timotheus). Sie werden als „Pastoralbriefe" bezeichnet.

Der erste Brief an Timotheus

Der erste Brief an Timotheus, auch kurz erster Timotheus genannt, nennt als Empfänger Timotheus, einen Begleiter des Paulus, der in den Paulusbriefen mehrfach erwähnt wird und in der Gemeinde pastorale Aufgaben zu erfüllen hatte.

Ein Weib lerne in der Stille mit aller Untertänigkeit. Einem Weibe aber gestatte ich nicht, dass sie lehre, auch nicht, dass sie des Mannes Herr sei, sondern stille sei.
Timotheus 1: 2, 11–12

Dieser Paulustext hat großen Einfluss auf die hierarchische Gliederung der christlichen Kirchen gehabt, verbot er doch, dass Frauen ein Priesteramt übernehmen. Paulus sagte auch nicht, dass die „Untertänigkeit" der Frau Christi Wille sei. Es war sein, Paulus', Wille. Das Gleiche gilt für den Satz: „Das Weib schweige in der Gemeinde."

Saint Timothée (Heiliger Timotheus), Kirchenfenster,
58 x 45 cm, um 1160. Abteikirche St. Peter und Paul, Gemeinde
Neuwiller-lès-Saverne (Neuweiler), Elsass

Es muss die Übersetzer der *Bibel in gerechter Sprache* hart angekommen sein, diesen die Frauen diskriminierenden Text angemessen zu übersetzen. Doch es ist gelungen:

Eine Frau soll unauffällig lernen, indem sie sich völlig in ihre Unterordnung fügt. Zu lehren aber – das hieße ja, über den Mann zu herrschen – erlaube ich einer Frau nicht, sondern sie soll sich still fügen.

Denn wir haben nichts in die Welt gebracht ... wir werden auch nichts hinausbringen.
Timotheus 1: 6, 7

Der zweite Brief an Timotheus

Der zweite Brief des Paulus an Timotheus, kurz auch zweiter Timotheus genannt, ist eine Ermunterung im Kampf um Leiden und eine Warnung vor Streitigkeiten und Irrlehren.

Ich habe einen guten Kampf gekämpft, ich habe den Lauf vollendet, ich habe Glauben gehalten.
Timotheus 2: 4, 7

Der Brief an Titus

Der Brief des Paulus an Titus ist für ihn eine Erinnerung an die Aufgabe, die Gemeinde auf Kreta zu ordnen. Die Aufgabe war besonders schwer, da es laut Titusbrief auf Kreta eine starke jüdische Gemeinde gab, von der für neu bekehrte Christen einige Verwirrung ausging.

Denn ein Bischof soll untadelig sein ... nicht eigensinnig, nicht zornig, nicht ein Weinsäufer, nicht pochen, nicht unehrliche Hantierung treiben; sondern gastfrei, gütig, züchtig, gerecht, heilig, keusch ...
Titus 1, 7–8

Den Reinen ist alles rein; den Unreinen aber und Ungläubigen ist nichts rein ...
Titus 1, 15

Der Brief an die Hebräer

> Weil die ältesten Handschriften den Hebräerbrief unter die Paulusbriefe einordneten, rechnete die frühe ostkirchliche Tradition die Schrift dem Paulus zu.

Denn welchen der Herr lieb hat, den züchtiget er ...
Hebräer 12, 6

Gastfrei zu sein, vergesset nicht, denn durch dasselbige haben etliche, ohne ihr Wissen Engel beherbergt.
Hebräer 13, 2

Jesus Christus gestern und heute, und derselbige auch in Ewigkeit.
Hebräer 13, 8

Denn wir haben hier keine bleibende Stadt, sondern die zukünftige suchen wir.
Hebräer 13, 14

Die Katholischen Briefe

Als „Katholische Briefe" bezeichnet das Neue Testament die Briefe, die nicht an Gemeinden oder Einzelpersonen gerichtete waren, sondern allumfassend (katholisch) wirken sollten.
Mit ihnen sind der erste und der zweite Petrusbrief, der Jakobibrief, die drei Johannesbriefe und der Judasbrief gemeint.
Die Katholischen Briefe sind in vielen christlichen Bibeln unmittelbar nacheinander aufgeführt, in Bibeln, die der Tradition Luthers folgen, sind sie jedoch so geordnet, dass nach dem dritten Johannesbrief der Hebräerbrief folgt, dann der Jakobusbiref und der Judasbrief.
Die Bezeichnung „Katholische Briefe" wird schon seit dem dritten Jahrhundert verwendet.

St. Jakobus, Apostel Jesu Christi (etwa 1475), Farbe auf Holz. Musée des Beaux-Arts, Dijon

Der Brief des Jakobus

Der Brief des Jakobus behandelt eine Ansprache in Briefform, eine sogenannte Epistel, die sich mahnend und ermunternd an die gesamte damalige Christenheit wendet.

Seid aber Täter des Worts und nicht Hörer allein …
Jakobus 1, 22

Diesen wie aus Stein gemeißelten Satz verwässert die *Bibel in gerechter Sprache*:

Folgt dem Wort, das in euch wirkt, indem ihr es in die Tat umsetzt und euch nicht etwa mit dem Hören begnügt.

Auch die *Einheitsübersetzung* macht es geringer:

Hört das Wort nicht nur an, sondern handelt danach, sonst betrügt ihr euch selbst.

Aber die Zunge kann kein Mensch zähmen, das unruhige Übel, voll tödlichen Gifts.
Jakobus 3, 8

Wohlan nun, ihr Reichen, weinet und heulet über euer Elend, das über euch kommen wird.
Jakobus 5, 1

Der erste Brief des Petrus

Der erste Brief des Apostels Petrus gehört zum Neuen Testament. Die Verfasserschaft von Petrus wird in der altkirchlichen Tradition bestätigt. Die historisch-kritische Forschung bezweifelt heute überwiegend, dass Petrus der Verfasser war, und zwar aus folgenden Gründen: Der Stil lässt Griechisch als Muttersprache des Autors vermuten. Die Muttersprache des Fischers Petrus aus Galiläa (der als ungebildet gilt) war aber höchstwahrscheinlich Aramäisch. Auch wenn Petrus mit der damaligen „Weltsprache" Griechisch vertraut war, ist doch bei ihm kaum eine solche Beherrschung des Griechischen anzunehmen.

Ihr Knechte, seid untertan mit aller Furcht den Herren, nicht allein den gütigen und gelinden, sondern auch den wunderlichen.
Petrus 1: 2, 18

Die *Lutherbibel 2017* macht aus den Knechten „Sklaven". Und die *Bibel in gerechter Sprache* vermeidet das Wort „untertan" und sagt:

Ihr Sklavinnen und Sklaven im Haus, die ihr den Herrinnen und Herren, den guten und milden, aber auch den unberechenbar grausamen Herrinnen und Herren unterworfen seid und ihnen voll Furcht begegnet ...

Die *Einheitsübersetzung* formuliert so:

Ihr Sklaven, ordnet euch in aller Ehrfurcht euren Herren unter, nicht nur den guten und freundlichen, sondern auch den launenhaften.

Die „negativen Herren" werden in den Übersetzungen ganz unterschiedlich bewertet. Die *Lutherbibel 2017* sagt „wunderlich", die *Einheitsübersetzung* „launenhaft" und die *Bibel in gerechter Sprache* spricht von „unberechenbar grausam".

Denn alles Fleisch ist wie Gras, und alle Herrlichkeit des Menschen wie des Grases Blume. Das Gras ist verdorret und die Blume abgefallen.
Petrus 1: 1, 24

Der zweite Brief des Petrus

Im zweiten Brief des Petrus will der Verfasser die Christen im Glauben stärken, warnt sie vor Irrlehrern und verteidigt nachdrücklich die Erwartung der Wiederkunft Christi.

Ein Tag vor dem Herrn ist wie tausend Jahre, und tausend Jahre wie ein Tag.
Petrus 2: 3, 8

Wir warten aber eines neuen Himmels und einer neuen Erde ...
Petrus 2: 3, 13

Der erste Brief des Johannes

Der erste Brief des Johannes ist der erste von drei neutestamentarischen Briefen in der Bibel, die dem Evangelisten Johannes zugeschrieben werden.
Der Brief, der wahrscheinlich Ende des ersten Jahrhunderts entstanden ist, variiert vor allem das Thema des rechten Glaubens und eines daraus zu entwickelnden Lebens, für das wiederum die Liebe ausschlaggebend sei. Insgesamt wird der erste Johannesbrief aber als Mahnbrief gemeint gewesen sein, der sich gegen die Leugnung der Gottheit des Sohnes richtete.

Gott ist die Liebe und wer in der Liebe bleibet, der bleibet in Gott, und Gott in ihm.
Johannes 1: 4, 16

... unser Glaube ist der Sieg, der die Welt überwunden hat.
Johannes 1: 5, 4

Die Offenbarung des Johannes

Die Offenbarung des Johannes (nach manchen Übersetzungen: „Die Offenbarung Jesu Christi durch Johannes") oder die Apokalypse ist das einzige prophetische Buch des Neuen Testaments und zugleich eine Trost- und Hoffnungsschrift für die im Römischen Reich unterdrückten Christen. Das letzte Buch der Heiligen Schrift schildert das Ende der Welt, wie es sich die Nachfolger Jesu vorstellten und wie es „in Kürze" geschehen sollte. Es enthält mehr Zähneklappern als Hoffnungen auf ein besseres Jenseits. Doch es ist große Poesie.
Als Urheber der Offenbarung wird der Evangelist Johannes vermutet, doch ist das keineswegs sicher.

Ich bin das A und das O, der Anfang und das Ende ... der da ist und der da war und der da kommt ...
Offenbarung 1, 8

Sei getreu bis an den Tod, so will ich dir die Krone des Lebens geben.
Offenbarung 2, 10

Michelangelo Buonarotti (1475–1564): *Das jüngste Gericht* (Ausschnitt) (entstanden 1536 bis 1541), Fresko, 1370 x 1220 cm. Sixtinische Kapelle, Rom

... da ward ein großes Erdbeben, und die Sonne ward schwarz wie ein härener Sack, und der Mond ward wie Blut. Und die Sterne des Himmels fielen auf die Erde, gleich wie ein Feigenbaum seine Feigen abwirft, wenn er von großem Winde beweget wird.
Offenbarung 6, 12–13

Beschädigt die Erde nicht, noch das Meer, noch die Bäume ...
Offenbarung 7, 3

Und in denselbigen Tagen werden die Menschen den Tod suchen und nicht finden, werden begehren zu sterben, und der Tod wird von ihnen fliehen.
Offenbarung 9, 6

Und Gott wird abwischen alle Tränen von ihren Augen, und der Tod wird nicht mehr sein ...
Offenbarung 21, 4

Das Hohelied der Liebe

Das Hohelied der Liebe aus dem 13. Kapitel des ersten Korintherbriefs des Paulus von Tarsus ist ein Hymnus an die Liebe, wobei die eigentliche

Beschreibung der Liebe in 13, 4–8a erfolgt, von „Die Liebe ist langmütig" bis zu „Die Liebe vergeht niemals" (dazu noch 13, 13: „Die Liebe ist die größte").

Umbrischer Maler: *Die drei theologischen Tugenden: Glaube, Liebe, Hoffnung*, um 1500

Die Zusammenstellung von poetischen Versen der Bibel in diesem Buch begann mit dem „Hohelied des Wortes". Sie soll enden mit dem „Hohelied der Liebe" aus Korinther 13, 1–8 und 13:

Wenn ich mit Menschen- und mit Engelszungen redete, und hätte der Liebe nicht, so wäre ich ein tönend Erz oder eine klingende Schelle. Und wenn ich weissagen könnte, und wüsste alle Geheimnisse und alle Erkenntnis, und hätte allen Glauben, also dass ich Berge versetzte, und hätte der Liebe nicht, so wäre ich nichts. Und wenn ich alle meine Habe den Armen gäbe, und ließe meinen Leib brennen, und hätte der Liebe nicht, so wäre es mir nichts nütze.
Die Liebe ist langmütig und freundlich, die Liebe eifert nicht, die Liebe treibt nicht Mutwillen, sie blähet sich nicht.
Sie stellet sich nicht ungebärdig, sie suchet nicht das Ihre, sie lässt sich nicht erbittern, sie trachtet nicht nach Schaden.
Sie freuet sich nicht der Ungerechtigkeit, sie freuet sich aber der Wahrheit.
Sie verträget alles, sie glaubet alles, sie hoffet alles, sie duldet alles. Die Liebe höret nimmer auf, so doch die Weissagungen aufhören werden und die Sprachen aufhören werden, und das Erkenntnis aufhören wird …
Nun aber bleibet Glaube, Hoffnung, Liebe diese drei, aber die Liebe ist die größte unter ihnen.

Die sprachliche Größe dieses Textes ist unbestritten, auch die *Lutherbibel 2017*, die *Einheitsübersetzung* und die *Bibel in gerechter Sprache* übernehmen ihn weitestgehend, ziehen ihn allerdings ein wenig in die Länge und „verbessern" ihn an einigen Stellen.

Sprachlich groß, in der Sache überzogen, so ist das „Hohelied der Liebe" einzuordnen. Wir kennen Liebe als einen emotionalen Zustand, der sich der verstandesmäßigen Kontrolle entzieht. „Du sollst lieben" als 11. Gebot neben „Du sollst nicht töten" zu stellen, wäre nicht möglich. Liebe ist ein individueller, intimer Wert, der sich verflüchtigt, wenn er ins Globale ausgedehnt wird. Die Nächsten, die Fernsten, die Feinde, alle soll der Christ lieben. Wer kann schon einen Kindesmörder lieben? Achte deinen Nächsten! Gehe auf ihn zu! Verletze ihn nicht! Das wären die angemessenen Aussagen.

Was geht in den Freunden vor, wenn sie hören, dass man auch die Feinde liebt?

Wenn auch im Korinthertext die Liebe der Sprache übergeordnet wird („Die Liebe höret nimmer auf, so doch … die Sprachen aufhören werden"), müssen wir das „Wort" an die Spitze stellen. Für das „Hohelied der Liebe" gilt: „Als Poesie gut."

So kehren wir zurück zum Wort: Im letzten Vers des Lutherliedes „Eine feste Burg" heißt es:

Das Wort sie sollen lassen stahn ...

Sachregister

Die Seitenzahlen markieren die Seiten des Buches, auf denen einschlägige Texte zu finden sind.

Arm und reich 30, 61, 68, 71, 116, 137, 138, 144, 174, 184
Bete und arbeite 27, 31, 64, 69, 70, 106, 117, 118, 124, 136, 160, 166, 167
Essen und trinken 26, 48, 62, 71, 80, 101, 106, 115, 117, 123, 127, 132, 143, 151, 163, 167
Flucht und Vertreibung 67, 80, 87, 139
Freude und Schmerz 40, 67, 86, 106, 107, 113, 160
Herr und Knecht 58, 59, 114, 115, 118, 135, 136, 160, 163, 168, 175
Kinder und Kindeskinder 27, 43, 68, 87, 113, 114, 118, 137, 143
Krieg und Frieden 61, 71, 78, 80, 82, 105, 107, 125, 139, 152, 159
Liebe 37, 43, 44, 74, 99, 137, 146, 148, 152, 159, 166, 177, 184, 185
Mann und Frau 24, 26, 33, 42, 43, 44, 49, 68, 88, 104, 110, 111, 118, 119, 120, 121, 144, 162, 166, 168, 170
Natur und Umwelt 32, 58, 66, 83, 99, 100, 132, 133, 135, 136, 150, 176, 180
Reden und schweigen 32, 53, 55, 70, 107, 114, 117, 122, 135, 147, 174

Richten und Gerechtigkeit 29, 81, 100, 124, 147, 158
Schöpfung und Leben 20, 45, 46, 64, 66, 92, 114, 117, 122, 123, 150, 151, 152, 160, 167, 178
Sterben und Tod 37, 40, 45, 46, 61, 63, 64, 65, 74, 75, 92, 110, 112, 118, 122, 123, 132, 145, 160, 163, 167, 178, 181
Verstand und Weisheit 53, 55, 65, 79, 117, 124

Matthias Gretzschel
Auf den Spuren von Martin Luther
288 Seiten mit 305 Abb., einer Chronik und einem Register
Klappenbroschur
ISBN 978-3-8319-0563-8

Die Wirkungen des Wittenberger Reformators Martin Luther waren universal. Die meiste Zeit verbrachte er in Kursachsen, das durch ihn zum „Mutterland der Reformation" wurde. Der Theologe und Journalist Matthias Gretzschel nähert sich dem Phänomen Luther, indem er dessen Schicksal anhand der einzelnen Lebensstationen nachzeichnet. Dokumentiert werden auch die späteren Reisen, die Luther von Wittenberg aus unternahm, um sein reformatorisches Werk zu fördern. Im Anhang werden „Lutherstätten in Deutschland von A bis Z" nach Städten gegliedert mit ausführlichen Informationen und aktuellen Fotos präsentiert. Im Mittelpunkt stehen authentische Lebens- und Wirkungsstätten Martin Luthers, von denen bereits viele für das 500. Reformationsjubiläum 2017 neu gestaltet wurden: Kirchen, in denen er gepredigt, Häuser, in denen er gewohnt hat, sowie Lutherdenkmale und -ausstellungen. Auch die übrigen Hauptsehenswürdigkeiten der Orte werden vorgestellt.

Martin Treu
Am Anfang war das Wort
Martin Luther und die Reformation in Europa
216 Seiten mit 111 Abbildungen
Klappenbroschur
ISBN 978-3-8319-0639-0

1517 veröffentlichte ein Wittenberger Professor 95 Thesen gegen den Missbrauch des Ablasses. Daraus entstand eine Bewegung, die weder Martin Luther noch irgendein anderer voraussehen konnte: die Reformation. Eine umstürzende Veränderung weit über die Grenzen der Kirche hinaus. In Sachsen zuerst, dann in weiten Teilen Deutschlands und schließlich in ganz Europa veränderten sich Kirche und Kultur, Staat und Gesellschaft.
Wie und wo das geschah, erzählt der Autor auf knappem Raum in leicht verständlicher Sprache. Die Verhältnisse in Wittenberg werden ebenso geschildert wie die Entwicklungen im Deutschen Reich. Gleichzeitig werden die Reformationen in der Schweiz und den Niederlanden als Ausgangspunkt der zweiten großen Strömung neben Luther gewürdigt. Und es wird auch auf die Veränderungen in der katholischen Kirche eingegangen, die zu ihrer neuzeitlichen Gestalt führen.

Bild- und Quellennachweis

Titelabbildung: *Die Erschaffung der Welt*, Holzschnitt, Cranach-Werkstatt, aus: Biblia, das ist die gantze Heilige Schrift, Wittenberg 1534, spätere Kolorisierung (picture alliance, Frankfurt)

Innenabbildungen:
bpk-Bildagentur: S. 51 (bpk | RMN – Grand Palais | Gérard Blot), S. 77 (bpk / DeA Picture Library / Biblioteca Ambrosiana), S. 109 (bpk / Ägyptisches Museum und Papyrussammlung, SMB / Sandra Steiß); Peter Horree / Alamy Stock Foto: S. 182/183; Wikimedia Commons: S. 20/21, S. 23 (Yokio Sanjo), S. 35, S. 87, S. 128/129, S. 131, S. 155, S. 157 (Thesupermat), S. 169 (Selbymay), S. 173 (Üleslaadija oma töö, Rama), S. 179;

Verweistexte auf die biblischen Quellen:
Die erklärenden Texte zu den Büchern des Alten und Neuen Testaments , den Evangelien, der Apostelgeschichte und den Briefen auf den Seiten 37, 38, 40, 42, 45, 46, 47, 48, 49, 50, 68, 72, 76, 84, 98, 100, 101, 102, 105, 106, 108 (bis „verwendet"), 113, 132, 142, 145, 149, 154, 161, 164, 165, 166, 167, 168, 170, 171, 172 (ab „Die Katholischen Briefe"), 174, 175, 176, 177, 178 (Offenbarung, erster und letzter Absatz) wurden den jeweiligen Wikipediaseiten in stark gekürzter und teilweise veränderter Form entnommen.

Der Autor

Arno Surminski, 1934 in Ostpreußen geboren, wuchs nach der Deportation seiner Eltern in die Sowjetunion in einer Familie in Schleswig-Holstein auf. Er ist Autor zahlreicher Romane, Erzählungen und Sachbücher, viele über Ostpreußen und die Folgen des Krieges. Er wohnt in Hamburg, ist verheiratet, hat drei Kinder und acht Enkel.
Im Ellert & Richter Verlag sind folgende Werke des Autors lieferbar: „Jokehnen oder Die Stimmen der Anderen", „Winter Fünfundvierzig oder Die Frauen von Palmnicken", „Im Garten des Schönen", „Die masurische Eisenbahnreise und andere heitere Geschichten", „Das alte Ostpreußen", „Flucht und Vertreibung" und „Als der Krieg zu Ende ging".

Grundlage der Bibeltexte, die der Autor aus der Bibel seiner Großmutter verwendet hat, ist „Die Bibel oder die ganze Heilige Schrift des Alten und Neuen Testaments, nach der deutschen Übersetzung D. Martin Luthers", Neue Stereotyp-Ausgabe, herausgegeben von der Hannoverschen Bibelgesellschaft, Verlag der Hahn'schen Buchhandlung, Hannover und Leipzig, 1948.

Impressum

Bibliografische Information der Deutschen Nationalbibliothek
Die Deutsche Nationalbibliothek verzeichnet diese Publikation in der Deutschen Nationalbibliografie; detaillierte bibliografische Daten sind im Internet über http://dnb.d-nb.de abrufbar.

© Ellert & Richter Verlag GmbH, Hamburg 2018
ISBN 978-3-8319-0734-2

Dieses Werk einschließlich aller seiner Teile ist urheberrechtlich geschützt. Jede Verwertung außerhalb der engen Grenzen des Urheberrechtsgesetzes ist ohne Zustimmung des Verlages unzulässig und strafbar. Dies gilt insbesondere für Vervielfältigungen, Übersetzungen, Mikroverfilmungen und die Enspeicherung und Verarbeitung in elektronischen Systemen.

Text: Arno Surminski, Hamburg
Lektorat: Werner Irro, Hamburg
Redaktion: Sophie Niemann, Hamburg
Gestaltung: BrücknerAping Büro für Gestaltung GbR, Bremen
Gesamtherstellung: CPI books GmbH, Leck

www.ellert-richter.de
www.facebook.com/EllertRichterVerlag